# 控制权收益对公司绩效的影响及其规制研究

KONGZHIQUAN SHOUYI DUI GONGSI JIXIAO DE YINGXIANG JIQI GUIZHI YANJIU

柯玲　著

知识产权出版社
全国百佳图书出版单位

**图书在版编目（CIP）数据**

控制权收益对公司绩效的影响及其规制研究/柯玲著. —北京：知识产权出版社，2015.9
ISBN 978-7-5130-3728-0

Ⅰ.①控… Ⅱ.①柯… Ⅲ.①民营企业—上市公司—企业管理—研究—中国
Ⅳ.①F279.245

中国版本图书馆 CIP 数据核字（2015）第 200446 号

**内容提要**

本书基于公司治理的视角，以中国民营上市公司作为研究对象，运用企业控制权相关理论和大数据技术，对中国民营上市公司控制权收益与公司绩效之间的关系进行了深入的理论分析和实证检验，揭示了控制权收益产生的原因及对公司绩效的影响程度，通过对控制权收益规制模式的国际比较，总结出西方发达国家在上市公司控制权收益规制方面值得借鉴的成功经验，最后从中国国情出发，从政策、企业和市场三个层面提出了对我国民营上市公司控制权收益进行有效规制的政策建议。

**责任编辑**：张水华　　　　**责任出版**：孙婷婷

**控制权收益对公司绩效的影响及其规制研究**

柯玲　著

**出版发行**：知识产权出版社有限责任公司　　**网　　址**：http://www.ipph.cn
**社　　址**：北京市海淀区马甸南村 1 号　　**天猫旗舰店**：http://zscqcbs.tmall.com
**责编电话**：010-82000860-8389　　**责编邮箱**：miss.shuihua99@163.com
**发行电话**：010-82000860 转 8101/8102　　**发行传真**：010-82000893/82005070/82000270
**印　　刷**：北京中献拓方科技发展有限公司　　**经　　销**：各大网上书店、新华书店及相关专业书店
**开　　本**：787mm×1092mm　1/16　　**印　　张**：12
**版　　次**：2015 年 9 月第 1 版　　**印　　次**：2015 年 9 月第 1 次印刷
**字　　数**：200 千字　　**定　　价**：42.00 元
ISBN 978-7-5130-3728-0

# 摘　要

上市公司治理一直是学术界和资本市场关注的一个热门话题。现代企业制度的建立和完善，使得公司的所有权和控制权逐步分离，形成两权分离的治理结构。西方发达国家早期的公司控制权方面的研究认为，相对而言，上市公司的所有权集中度比较低，绝大部分的股东只拥有很低比例的上市公司股权，因此缺少投入大量的成本对管理者进行有效监督的足够动机。中小股东社会惰化引起的监督缺位，使得管理者容易产生个人利益最大化而不是公司利益或者公司价值最大化的行为。后续的研究发现，在东南亚及中国等国家或地区的上市公司中，公司的所有权集中度较高，控股股东常常就是公司的实际控制人。在这种情形下，控股股东所拥有的控制权可以为其自身创造经济价值，即控制权收益。在我国的资本市场中，国有股一股独大是上市公司股权结构的一个典型特征。在我国，很多上市公司是由国有企业改制演变而来的，其控股股东往往是政府或其代理机构，中小股东与控股股东之间所持有的股份比例悬殊，而且在身份和实力上也差距明显，无法对控股股东形成有效的监督和制衡。控股股东由于其绝对的控制力，完全掌握着公司的各项决策权，实际上形成了控股股东与中小股东之间的委托代理关系。因此，我国上市公司治理的主要矛盾已经不再是传统的委托代理理论下股东与职业经理人之间的矛盾，而是控股股东与中小股东之间的矛盾。我国上市公司治理的主要问题因而也不再是委托代理理论中的监督，而是如何有效保护中小股东的合法权益。我国上市公司股权结构的另一个显著特征就是家族成员控股上市公司，这一问题在民营上市公司中表现得尤为突出。家族成员高度集中的股权结构虽然能够减小股东权益受职业经理人侵占的可能，但是也为家族成员作为控股股东攫取控制权收益带来了方便。作为控股股东，家族成员常常会利用手中的控制权，通过关联交易、违规担保、股价操纵和非正常交易等不正当途径或非法手段来侵占本应属于中小股东的合法权益，从而达到控制权收益最大化的目的。

近年来，我国民营企业发展迅速，在国民经济中的比重和地位稳步上升，在一些领域甚至成为了主导力量。作为民营企业群体中佼佼者，民营上市公司的数量也在快速增长。十八届三中全会做出的鼓励民营企业参股甚至控股传统国有企业的决定，更是给民营企业的再次腾飞提供了制度保证。民营企业，特别是处于资本市场尚不完善的民营上市公司，在公司治理方面还存在许多问题。对上市公司控制权的监督薄弱，就是民营上市公司治理存在的一个突出且非常棘手的问题。在我国，民营上市公司控股股东利用其掌握的控制权侵占中小股东合法权益的案例屡见不鲜。而且，目前我国对投资者缺乏有效的保护，保护小股东的治理机制尤其不健全。再加上会计信息披露中存在许多滞后和虚假成分，相关的法律制度建设不完善，监管力度不到位，等等，使民营上市公司的控股股东更加明目张胆地对中小股东合法权益进行侵占。控股股东攫取控制权收益的行为造成中小投资者对上市公司的不信任，对投资前景的不乐观，这进一步降低了投资者的投资热情，严重损害了我国资本市场的健康发展，不利于国民经济的稳步发展和国家财富的不断积累。

因此，本书选择我国民营上市公司作为研究对象，重点研究上市公司中的控制权收益及控制权收益与上市公司绩效之间的关系。

本书首先介绍了选择研究控制权收益作为研究对象的历史背景，明确本研究的理论和实践意义，设计出本研究的技术路线，提出本研究的研究方法和创新之处。在此基础上，重点进行了下列内容的研究。

第一，通过对国内外相关文献的综述，回顾与梳理了民营上市公司的界定，公司控制权、控制权收益、公司绩效的定义及国内外关于公司控制权收益与公司绩效各种理论研究模型等理论问题，并且基于文献综述对部分理论的缺漏进行评析，在此基础上找出本书的理论突破点和创新点。

第二，对控制权收益与上市公司绩效关系进行了理论分析和实证研究。该部分介绍了我国民营上市公司控制权和控制权收益的现状，分析控制权收益产生的原因和影响因素。同时，该部分对我国民营上市公司控制权收益与公司绩效间的关系进行了实证分析。基于上市公司控制权收益相关理论分析和公司绩效相关理论，提出本研究的研究模型和研究假设，对研究变量进行界定，通过实证分析的研究方法分别对我国民营上市公司在发生控制权转移的交易前和交易后的控制权收益与公司绩效之间的关系进行实证检验。

第三，对国外控制权配置及控制权收益规制模式进行了比较研究。本研究分析了英美模式、日德模式和东亚模式的特点，并结合各种模式的实际运行情况总结出了国外控制权规制对我国上市公司控制权收益规制的借鉴经验。

第四，对我国民营上市公司控制权收益的规制进行了分析研究。本研究主要通过对民营上市公司控制权收益的政策规制、企业规制和市场规制三方面的分析，提出了对控制权收益进行规制的政策建议。

最后，提出了本研究的结论与展望，对整个研究结果进行系统全面的梳理和归纳，同时提出了如何有效控制控制权私人收益进而提升公司绩效的建议，为民营上市公司的决策者提供借鉴和参考，也为相关的监管部门如何加强对中小股东利益的保护提供政策建议。

**关键词：** 民营上市公司　控制权收益　公司绩效

# 目　录

# 第一章　导　论

## 第一节　选题背景与研究意义

### 一、选题背景

改革开放以来，我国民营经济已经由社会主义公有制经济的必要补充发展成为中国经济发展的重要支柱。特别是进入21世纪以后，我国民营经济的各项经济指标都大幅提升，很多指标已经在国民经济中所占比重超过50%。可以说，十一届三中全会以后的改革开放政策，给民营经济的发展提供了前所未有的机遇，民营经济也彻底改变了中国的面貌。民营企业中涌现出一大批明星企业，它们成为我国资本市场中的佼佼者，如华为、中兴、联想、苏宁、万达等民营上市公司。特别需要指出的是，2013年11月12日中国共产党第十八届中央委员会第三次全体会议通过了《中共中央关于全面深化改革若干重大问题的决定》。该决定明确提出，"经济体制改革是全面深化改革的重点，核心问题是处理好政府与市场的关系，使市场在资源配置中起决定性作用和更好发挥政府作用"。该决定还指出，"公有制经济和非公有制经济都是社会主义市场经济的重要组成部分，都是我国经济社会发展的重要基础"。十八届三中全会关于全面深化改革的战略部署，不仅为民营经济的二次腾飞确立了一个新的起点，而且也为民营经济的发展提供了制度保障和顶层设计。十八届三中全会之后，我国资本市场暂停了数年的IPO重新启动。可以合理预计，越来越多的民营企业将继续寻求进入资本市场以获得更大的发展空间，其中很多企业将选择在国内上市。

作为公众型的公司，民营上市公司在股权结构、控制权配置及决策方式等方面，与初创期的民营企业相比会发生很大的改变。然而，由于我国资本市场的发展时间较短，市场机制不健全、不完善，因而公司治理中还存在许多需要解决的问题，如公司控制权的配置不合理，对上市公司控制权的监管不到位等。作为我国资产市场的重要参与者，民营上市公司的一个典型特征就是家族成员控股上市公司。这种高度集中的股权结构虽然能够减小股东权益受职业经理人侵占的可能，但是也为家族成员作为控股股东攫取控制权收益提供了方便。如果缺少有效的监督，作为家族成员的控股股东很可能会利用手中的控制权，借助于关联交易、违规担保、股价操纵和非正常交易等途径或手段，侵占本应属于中小股东的合法权益。近年来，我国民营企业发展迅速，在国民经济中的比重逐步上升，甚至在一些领域成了主导力量。但也应看到，我国民营上市公司在飞速发展的过程中，由于各种原因也出现了许多控股股东利用控制权侵害中小股东利益的案例。例如，在科龙的案例中，顾雏军利用其掌握的控制权挪用上市公司的巨额资金，最终导致科龙电器的股价一度跌幅超过90%，严重侵害了中小股东的利益；在国美的案例中，黄光裕利用其掌握的控制权进行关联交易，操纵股价而牟取巨额控制权收益。这些案例都是公司治理中控制权没有得到有效的监管和遏制所带来的负面结果。

民营上市公司的公司治理一直是现代企业面临的一个热门话题，公司治理结构中控制权与所有权的合理安排又是其中的一个核心问题。一部分研究发现，当公司的所有权较为分散的时候，公司中的每个股东甚至是控股股东都只持有较小比例的股权，这样股东们都不希望承担过大的监督成本。这样，组织中的很多股东都认为一定有某个股东会代替自己有效地进行监督，这样就导致股东的监督缺位，从而容易产生攫取控制权收益的行为。另一部分研究发现，在所有权较为集中的股权结构下，控股股东可以通过运用公司的控制权来谋取私人收益，于是控制权便可以产生一定的收益和价值，即控制权收益。随着现代企业制度的不断完善和发展，公司治理的重心也从所有者和管理者之间的代理成本和监督演化为公司中控股股东和中小股东之间的利益划分。公司治理的主要矛盾从代理与监督转变为如何限制控制权收益和保护中小股东的合法权益。处于转型经济中的中国上市公司有着非常鲜明的中国特色，这突出表现在我国上市公司一般情况下股权集中度较高，且主要由国有资本或者家族成员牢牢控制。由于高度集中的股权结构导致上市公司中的控股股东与其他中小股东之间的股份比例悬殊，中小股东与控股股东相比处于非常弱势的地位。控股股东借助其绝对优势的持股比例牢牢掌握公司的控制权，在公司决策过程中占据着绝对的主导地位。

高度集中的股权结构强化了对经理人的监督，同时也为控股股东通过侵占中小股东的权益而攫取控制权收益提供了便利。如果对上市公司控制权的监管不到位，控股股东为了谋取控制权收益就很可能会借助于关联交易、占用资金、违规担保、操纵股价等不正当途径或非法手段侵占中小股东的权益。由于我国资本市场的监督机制尚不完善，上市公司控股股东侵占中小股东的行为屡见不鲜。上市公司的控股股东的根本职责是尽最大努力提高公司的业绩而使全体股东的利益最大化，但是控股股东常常也会去平衡股东利益最大化和个人利益最大化之间的关系。这样，控股股东就产生了牺牲上市公司整体的利益和其他中小股东的利益来实现自身利益最大化的行为。控股股东攫取的控制权收益的大小反映了中小股东利益受侵占的程度，如果控股股东攫取控制权收益的行为不能得到有效的监督和限制，将对上市公司的可持续发展造成诸多不利的影响。

我国证券市场监督机制的不完善及对投资者的保护较为薄弱，加之会计信息披露常常会出现不及时、不真实的情况，使得控股股东通过侵占中小股东的合法权益而攫取控制权收益的行为更加普遍。攫取控制权收益行为的泛滥将严重打击投资者对上市公司的信任感和投资信心，从而抑制我国资本市场的发展，进而影响我国国民经济的健康持续发展。因此，如何完善监督机制，加大对侵害中小股东行为的处罚力度，限制和制约控股股东攫取控制权收益的行为，切实保护广大投资者尤其是中小股东的切身利益，是我国上市公司尤其是民营上市公司治理中需要解决的一项重要课题。

## 二、研究问题的提出

改革开放之初，我国证券市场中的上市公司几乎都是从原有的国有制企业改制转变而成的，其股权结构的显著特点是国有股占据绝对的控股地位，国家是企业的实际控制者。但是国家并不是一个真实的市场经济实体，不能在公司治理中真实地扮演控股股东的角色，也不便于履行控股股东的各项权利与义务。这样，在这些原有国有企业改制之后形成的上市公司中，还是由政府或者其代表机构选派代表作为其实际的管理者和控制人。因而，公司治理的主要矛盾是公司的实际所有者与委托代理人之间的委托代理矛盾，矛盾的本质是如何有效地监管代理人的行为并充分激励代理人。随着我国改革开放的进一步深入，这些上市公司的股权结构开始出现新的变化。一部分民间资本开始参股传统的国有上市公司，甚至出现民营资本控股原有国有企业的情况。而且，随着民营经济的发展，资本市场中开始出现越来越多的民营上市公司，上市公司的股权结构开始出现新的变化，公司治理的矛盾也发生了改变。

目前，我国上市公司的治理热点已经从实际所有者与代理人之间的委托代理矛盾转变为控股股东和中小股东之间的矛盾。我国上市公司治理的目标应该是提高全体股东共享的收益，限制和减小控股股东的控制权收益，全面提升公司绩效。因此，本研究选择我国民营上市公司控制权收益作为主要的研究对象，重点研究控制权收益与民营上市公司经营绩效之间的相互关系，探求控制权转移前后上市公司经营业绩与控制权收益本身之间的变化规律。在此基础上，试图进一步优化公司的治理结构，为我国上市公司有效限制控制权收益、全面提高上市公司的公司价值和核心竞争力提供新的思路和解决方案。

## 三、研究意义

### （一）理论意义

首先，本研究旨在揭示股权结构各变量与控制权收益之间的内在关系。本研究从股权结构特征出发，提出在公司治理中股权结构的集中程度及控股股东的性质对上市公司中控制权收益程度的影响。本研究从股权结构的角度展开，对于控制权收益的研究而言，开拓了研究的视野。

其次，本研究对控制权收益的概念做了进一步的界定，力争能对学术界一直没有统一的控制权收益概念的清晰化和明确化做出一定的贡献。控制权的获取可以给控股股东带来许多现金流权以外的其他收益，这样控制者在平衡股东利益和个人的控制权收益时就会使得控股股东和中小股东之间的矛盾越来越尖锐。明确控制权收益概念并且对控制权收益进行有效的计量，将有助于对控制权收益相关问题的研究。明确控制权收益的概念，能够解决理论控制权收益模型中将投资者分为“自己人”和外部人以及基于所有权的公司定价理论之间的矛盾。控制权收益的具体化和定量化，能够加深对控制权收益本身的理解和应用，同时能够了解控股股东如何利用控制权来侵占中小股东的合法权益。因此，在控制权收益概念本身没有统一的定义及对控制权收益研究还处于较为抽象的前提条件下，进一步明确控制权收益的基本概念是十分必要的。

最后，深入探讨了影响控制权收益的各种要素之间的关系，构建了上市公司经营绩效与控制权收益程度之间的关系模型。本研究提出了影响控制权收益的理论框架，并且改变了以往从公司治理和股权结构的角度就控制权收益本身进行研究的方式，将控制权收益与上市公司的经营业绩之间的联系作为研究的对象。本研究将运用实证的方法，以 2009—2013 年发生控制权转移的民营上市公司为样本，探究我国民营上市公司中控制权收益与公司绩效之间的关系，试图建立两者之间的关系模型。

### （二）实践意义

本研究的实践意义也十分丰富，具体地说有以下三个方面：

首先，在宏观层面，如何限制控制权收益是我国证券市场所面临的一项重要课题。近五年来，在我国沪深两地上市的上市公司中频繁出现控股股东利用其掌握的控制权，运用关联交易、操纵股价、违规担保等不正当途径或非法手段侵占中小股东合法收益的案例。不仅中小股东的利益都不到有效的保障，而且上市公司的可持续发展也受到不利的影响。中小投资者开始对资本市场和上市公司产生怀疑，其投资热情和信心都受到巨大的打击，整个资本市场的活跃程度和融资能力都受到负面冲击。因此，通过对限制控制权收益的政策或措施的研究，对于优化上市公司的治理结构，保护中小股东的合法权益及繁荣整个资本市场都具有很强的现实意义。

其次，在微观层面，对于控制权收益的深入研究有助于企业更好地完善管理和监督机制，帮助企业更好地限制控股股东攫取控制权收益的行为，坚持企业可持续发展的长期战略，帮助企业实现股东利益最大化和公司长期价值最大化。

最后，在监管层面，本研究力争为监管部门有效地对股权交易和控股股东行为进行引导和管理提供参考性的建议，帮助监管部门进一步完善各项监管制度和规定，为广大投资者营造一个更健康的投资环境。

## 第二节　研究内容与结构安排

### 一、结构安排

本研究主要致力于找出控制权收益产生的根本性原因，并分析影响控制权收益的主要影响因素，同时通过对我国民营上市公司控制权转移交易前后相关数据的分析，找出控制权收益与上市公司经营绩效之间的某种联系。本研究主要分为以下六个部分：

第一部分为导论，分析本选题的历史背景，明确选题的理论和实践意义，介绍本选题的主要研究方法、研究思路、篇章结构及本文的创新之处。

第二部分是相关文献综述。本书涉及民营上市公司的界定、公司控制权相关理论、控制权收益相关理论及控制权收益与公司绩效之间的关系。本部分主要回顾民营上市公司的界定，公司控制权、控制权私人收益、公司绩效的定义，国内外关于公司控制权、控制权私人收益、公司绩效以及控制权私人收益与公司绩效之间关系的各种理论研究模型。以此为基础，本选题还对部分理论的缺漏进行了评析，为确定本选题的理论突破点和创新点奠定必要的基础。

第三部分是我国民营上市公司控制权收益与公司绩效关系的理论分析和实证研究。本部分主要分析控制权私人收益产生的原因和影响因素，提出研究假设并对其进行实证检验。

第四部分是国外控制权配置及规制模式的比较与借鉴。本部分主要通过对控制权配置及规制的英美模式、日德模式和东亚模式的分析，总结其成功经验和不足之处，指出这些不同的模式对我国控制权规制的启示与借鉴。

第五部分是对我国民营上市公司控制权收益的规制研究。本部分主要从宏观政策层面的调整、公司治理机构的完善、股权结构的优化和控制权配置的优化等方面，提出我国民营上市公司控制权收益的规制策略。

第六部分是结论与展望。本部分将对整个研究结果进行全面总结，同时提出如何有效控制控制权私人收益进而提升公司绩效的建议，为民营上市公司的决策者提供参考，也为相关的监管部门提供如何保护中小股东利益的政策建议。

### 二、本选题的创新点

本选题可能的创新点主要包括以下几个方面：

首先，本选题在对所有权私人收益的相关文献进行全面回顾的基础上，提出所有权私人收益的计量模型，用于衡量控制权私人收益的水平。

其次，本选题利用因子分析的方法对影响所有权收益的因素进行实证分析，通过大量一手调研数据，经过统计分析，得出影响控制权收益的主要因素。

再次，本选题利用回归分析的方法对所有权收益与公司绩效之间的相关关系进行检验，通过大量一手调研数据，经过统计分析，检验控制权收益与公司绩效之间的相关关系。

最后，本选题在实证分析的基础之上，提出限制民营上市公司控制权收益的新措施，以供管理者和监管机构参考。

## 第三节 研究技术路线与方法

### 一、技术路线

本选题的研究分三大块：理论与实证研究、比较研究和规制措施研究。本选题研究的技术路线如图 1 所示。

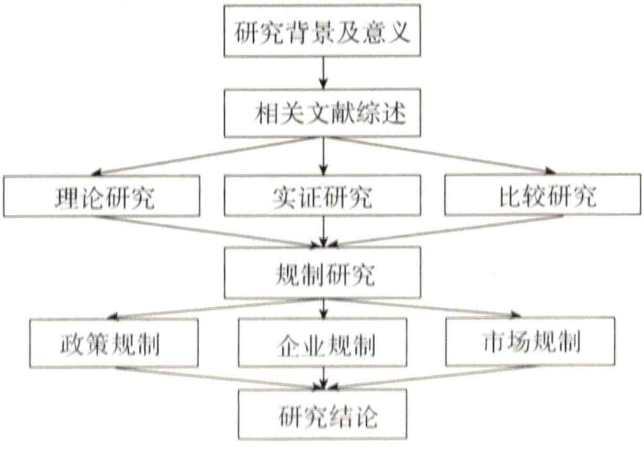


图 1—1 研究的技术路线

## 二、研究方法

本选题在研究过程中，将始终遵循科学性、针对性、实用性和可操作性的原则。本选题的研究将采用多种方法，实现研究的综合性与系统性、国际性、理论探索、原因分析、对策研究的宏观与微观相结合等方面的突破，使本选题的研究既有理论性又有实践性，既有定性研究又有定量研究，既有全球国际性又有地区性，既有宏观又有微观，既有原则性又有可操作性，既有问题又有对策，融描述性研究、解释性研究与对策性研究为一体。本选题的研究方法具体包括：

（1）实地调查研究法。为取得本选题研究所需要的数据资料，笔者深入我国中小型民营企业相对集中的地区，选取具有代表性的民营中小企业为典型案例进行实地调研，掌握一手资料，以保证调查结果的科学性、全面性和代表性。实地调查研究有利于本研究将要进行的相关的实际案例分析，为选题的实证研究提供可靠的现实依据。

（2）理论与实证分析相结合的方法。本选题在大量阅读有关文献的基础上，充分探索理论源泉，寻求相关观点论述及理论依据的可靠性。同时，在科学理论的基础上，进行实证分析，为理论的科学性寻找实践证明的基石。理论来自实践，实践是检验理论的唯一标准；理论与实践相辅相成，互为所用。二者结合的方法有利于本研究结构的严谨和结论的科学性。

（3）定性分析与定量分析相结合。本选题所研究的内容具有极强的现实意义和理论意义，因此研究方法以理论结合实际为主，在对我国民营上市公司控制权收益的现状、成因和影响因素进行剖析时多采用定性分析的研究方法；在对我国民营上市公司控制权收益对公司绩效的影响进行剖析时多采用定量分析的研究方法。为此，本书不但在定性分析中也注意结合定量分析，通过引进一些有说服力的数据来论证，而且广泛搜集资料，进行大量的专项定量分析，通过数据来阐明相关论点。

（4）比较研究方法。本书通过对国外上市公司控制权配置和控制权收益规制进行比较研究，有利于发现不同社会经济环境下各种控制权配置及控制权收益规制模式的优势和劣势，这样做既有利于对我国民营上市公司控制权收益的规制提供经验借鉴和参考，也有利于开阔视野，增强研究结论的科学性和准确性。

（5）多学科、多视角综合研究。控制权收益的问题涉及经济、社会与文化等不同方面。对我国民营上市公司控制权收益与公司绩效的研究，具有很强的跨学科特点。本研究综合运用社会学、管理学、统计学及经济学的有关研究方法，进行比较科学、客观而全面的分析和把握，使研究内容覆盖面更加广泛，观点更加客观科学。

# 第二章　相关文献综述

## 第一节　关于民营上市公司的若干观点

要界定民营上市公司，首先应该界定何谓“民营”。在我国，“民营”的概念最早大概出现在20世纪30年代，王春圃在《经济救国论》中第一次使用了“民营”的概念。他在该书中提出了“官营”和“民营”两个相对的概念。他指出，前者是指由国民党政府经营的企业，后者则是指由民间投资经营的企业。1942年，毛泽东在《抗日时期的经济问题与财政问题》中提出私营经济的概念，认为私营经济是相对于公营经济和人民经济而言的，也是公营经济和人民经济的补充。毛泽东所指的“私营经济”就是早期的“民营经济”。但是由于阶级斗争的缘故，民营或者私营长期被贴上了资本主义的标签。因此，在改革开放以前，民营或者私营经济在中国几乎没有生存的空间。

在我国，真正意义上的“民营”出现在改革开放以后。在改革春风开始吹遍神州大地和科技体制改革浪潮的推动下，中科院的陈春先等人于1980年率先创立了后来被视为我国第一家真正意义上的民营企业。当时的民营企业由于其灵活的体制，在市场中表现出较强的竞争力，并且随着改革开放的深入及整个民营企业群体的迅速壮大而获得了蓬勃的发展。1988年在经过细致深入的调研后，中共中央批准建立全国首个高新技术产业开发区——中关村。自此，民营企业在全国范围内茁壮成长，我国也陆续涌现出联想、方正、紫光、希望等早期具有影响力的民营企业。其后，在互联网经济快速发展的时代，我国又涌现出了如阿里巴巴、腾讯、百度、京东等 IT 行业的佼佼者。尽管如此，在我国的官方文件中并不存在对“民营”这一概念的严格的和权威的定义。《汉语大词典》中将“民营”解释为民间经营，认为民营是相对于政府经营而言的一个概念。

回顾我国现有的文献不难发现，学术界关于“民营”的界定主要有两个不同的视角，即所有制结构或者经营者性质。具体地，国内学术界关于“民营”的界定可归纳为四个流派。

第一个流派是宽派。其代表人物是中国社会科学院经济研究所研究员晓亮。宽派的“民营”概念是以经营主体作为划分的标准，而不是使用所有制。宽派学者认为，民营是相对于国营或者官办而言的。一个组织如果不是由政府或者其代理机构主导其经营管理就可以视为民营，民营还是国营与所有权无关。他们还认为，民营也不能等同于私营，民营比私营的概念更为宽泛。民营企业存在的形式可以是多种多样的，主要包括个体、私营企业、乡镇企业、股份合作企业、国有资产不控股的股份制企业和“三资”企业及国有民营企业（由国有资产控股但由民间经营管理）。

第二个流派是次宽派。国内学者李亚是次宽派的代表人物。与宽派相同，次宽派也以经营主体作为判断标准，并将个体、私营企业、乡镇企业、股份合作企业、国有资产不控股的股份制企业以及国有民营企业视为民营的范畴。但次宽派同时认为，外资属于较为特殊的一类投资和经营主体，不属于国民系列，因此不应纳入民营的概念。可见，次宽派与宽派对于“民营”这一概念界定的唯一差别在于，民营是否包括外资，宽派将外资视为民营，而次宽派则将外资排除在民营的范畴之外。

第三个流派是中派。其代表人物为北京天则经济研究所理事长茅于轼和学者张玉仁。与宽派和次宽派不同，中派主要立足于所有制结构的视角理解民营的含义，认为民营就是私营经济的代名词，强调的是个体所有，是与集体所有相区分的。因此，在中派看来，民营企业只包括个体工商户和私营企业。他们将次宽派包含的乡镇企业、股份合作企业和国有资产不控股的股份制企业及国有民营企业都排除在外。

第四个流派是窄派。与中派相同，窄派也是立足于所有者结构的角度理解民营的内涵。窄派认为，所谓民营就是指国民经济中的私营经济。

本书认为，将“民营”解释为民间经营，视民营为相对于政府经营而言的一个概念，对“民营”这一概念的解释较为清晰，较好地体现了其本质特征。实际上，民营和国营只是经营和管理体制上的区别，并不涉及所有制本身的差异。

特别需要指出的是，中国共产党第十八届中央委员会第三次全体会议通过的《中共中央关于全面深化改革若干重大问题的决定》提出了紧紧围绕使市场在资源配置中起决定性作用、深化经济体制改革的指导思想，并指出：经济体制改革是全面深化改革的重点，核心问题是处理好政府和市场的关系，使市场在资源配置中起决定性作用；市场决定资源配置是市场经济的一般规律，健全社会主义市场经济体制必须遵循这条规律，着力解决市场体系不完善、政府干预过多和监管不到位的问题；必须积极稳妥地从广度和深度上推进市场化改革，大幅度减少政府对资源的直接配置，推动资源配置依据市场规则、市场价格、市场竞争实现效益最大化和效率最优化。基于上述指导思想，党的十八届三中全会还提出，鼓励民营企业参股甚至控股国有企业。所有这些，都为民营企业的发展提供了制度性的、纲领性的保障，并为民营企业进入更多过去由国营企业或者国有企业垄断的行业或者领域提供了强大的政策支持。由此不难看出，民营的本质并不是产权的私有化，其根本在于，由非国有的产权所有者来经营和管理企业，这些产权所有者是普通的民间机构或者自然人，而不再是政府或者其下属机构。

基于上述对“民营”的分析、中国民营企业发展的客观实际和党的十八届三中全会决议精神，本研究认为，对于民营企业的界定采用次宽派的观点是适当的。因此本研究认为，民营是立足于经营者性质的一个概念，同政府经营相对立，除外资企业以外，所有的由民间机构或者个人来负责经营和管理的企业都应属于民营，而不管其所有权结构中是以国有为主还是以私有为主。

何谓民营上市公司？有人认为民营上市公司就是由民营企业控股的上市公司。本文认为，这样的定义可能过于简单化。首先，人们对于控股的认识和判断可能存在较大的差异。有人认为，持有50%以上才为控股。但也有人认为，持股20%—50%一般也能做到相对控股。还有人认为，投资方是否构成控股关键要看其是否构成对被投资上实质上的控制，与持股比例不存在必然的联系。其次，由于我国上市公司普遍采用金字塔持股结构，因此仅仅从上市公司的一般股权结构来判断是否为民营上市公司，就可能出现偏误，只有通过层层控制链的向上追溯，最终追溯到公司的实际控制人才能准确地判断公司类型。综上所述，本文认为，上海证券交易所中心所提出的民营上市公司的定义较为完善，即民营上市公司就是指民营企业直接或间接控股的，在证券交易所正式挂牌交易的股份有限公司，即公司最终控制人为自然人的上市公司。民营上市公司包括民营企业绝对或相对控股的上市公司及自然人作为主发起人或控股人的上市公司。

需要说明的是，由于资料搜集的困难及统计上的原因，本文在进行分析时无法涉及这一概念所包括的所有民营企业。为了便于数据的收集与处理及保证数据的一致性，本文中所研究的民营上市公司主要是指在国内沪深两市上市的民营上市公司，不包括在海外市场（如美国、中国香港、新加坡、澳大利亚等证券市场）上市的中国民营上市公司。

## 第二节　控制权相关理论综述

在经济学中，企业控制权一直被视作一种用于解释的工具，而不是研究的对象。对于企业控制权问题的重要性，苏格兰著名经济学家、哲学家亚当·斯密（Adam Smith）在其经典著作《国富论》（1776）中已经有所论述。在此之后，主流的新古典经济学并没有形成系统的企业理论，也没有重点研究企业内控制权的相关问题，其主要的成果是建立了系统的价格理论。直到科斯，主流的经济学才开始真正深入研究企业的性质和企业控制权。新制度经济学的创始人罗纳德·科斯（Ronald H. Coase）在《企业的性质》（1937）一文中对企业的性质进行了深入的探讨，从而使整个学术界开始关注企业组织问题。最近几十年来，发展迅速的契约理论提出了与主流的新古典经济学不同的观点。契约理论基于契约关系来分析企业内的各种行为，揭示了经济主体之间的各种错综复杂的关系。

本研究对企业控制权理论的回顾主要是基于科斯对企业的性质和企业控制权的研究结论。在此基础上，结合科斯以前早期主流经济学的研究成果及经济学家们的主要观点，将科斯的理论进行适当的扩展，并结合目前在企业控制权理论研究方面的最新进展和成果，对企业控制权理论进行系统的梳理。最后，对现有的文献进行简要的评述。

## 一、古典经济学的企业控制权思想

早期的经济学大师，如亚当·斯密（Adam Smith）、约翰·穆勒（John StuartMill）、阿尔弗雷德·马歇尔（Alfred Marshall）、弗兰克·奈特（Frank H. Knight）和卡尔·马克思（Karl Heinrich Marx），在其对企业问题进行研究时都对控制权问题展开过论述，本文在此一一进行简要梳理。

### （一）古典经济学家的企业控制权思想

1. 亚当·斯密的企业控制权思想

分工问题是管理中的首要问题。可以说，没有分工也就没有管理。亚当·斯密（1723—1790）正是从劳动分工的视角对早期的企业展开研究的。在其1776年发表的《国富论》（全名为《国民财富的性质和原因的研究》）中，亚当·斯密对当时称之为“联合股份公司”的组织行为进行了深入的研究。他认为，这类公司的高层管理者更多的是在照顾着别人的钱财，而非自己的钱财，他们不会像私人合伙企业的合伙人那样以高度的责任感来照顾这些资产。因此，联合股份公司在经营活动中出现或多或少的疏忽浪费是在所难免的。在这部著作中，亚当·斯密虽没有直接分析有关控制权的问题，但他已经发现企业所有权与控制权的分离可能导致管理者与所有者的目标发生偏离的现象。

2. 约翰·穆勒的企业控制权思想

约翰·穆勒（1806－1873）是英国著名的哲学家和经济学家，也是19世纪影响力很大的古典自由主义思想家。他较为认同亚当·斯密对于企业控制权与所有权分离的描述。同时他还提出，个体经营相对于股份公司具有一定的优越性，主要原因在于，个体经营者更加渴望事业成功，因此敬业心更强。股份公司的管理者主要是公司的所有者聘用的，尽管董事会负责监督管理者的行为，但董事会除去自己持有的公司股份以外（通常只占公司股份的极小比例），自己的切身利益与公司的经营业绩几乎没有直接联系；而且，他们一方面参与管理，另一方面借助其身份从事与个人利益密切相关的很多其他活动。除了雇用的经理，其他人对公司的利益往往漠不关心。但是，雇员对经营管理的责任心远逊于与个人利益息息相关的个体经营者。可以说，约翰·穆勒不仅对亚当·斯密的观点进行了更进一步的研究和拓展，同时，他还指出了企业契约中雇用问题的特殊性。

3. 阿尔弗雷德·马歇尔的企业控制权思想

阿尔弗雷德·马歇尔（1842—1924）是近代英国及至世界最著名的经济学家，是新古典学派的创始人，是剑桥大学的经济学教授。在马歇尔的努力下，经济学从仅仅是人文科学和历史学科的一门必修课发展称为一门独立的学科。同早期的某些学者一样，马歇尔认为，控制权与所有权的分离是有效的。在对联合股份公司的研究中，他分析指出，那些大的上市公司的高层管理者在面对外界的巨大诱惑时，往往能做到洁身自好，这充分说明了在最近以来，诚实与正直的精神在企业中得到了长足的发展，并且有充分理由相信商业道德将进一步提高。不难看出，阿尔弗雷德·马歇尔对于公司中的两权分离而导致的经理人获得实际控制权，持有相对乐观的态度，他相信公司中的权力是能够得到有效地执行的。

4. 弗兰克·奈特的企业控制权思想

弗兰克·H. 奈特（1885—1972）是美国经济学家，20 世纪的经济学巨擘之一。1921 年，弗兰克·奈特出版了经典著作《风险、不确定性与利润》。该书通过对风险和不确定性的区分和描述，重点研究了组织中风险和利润的性质，同时也提出了控制权问题，成功地将信息经济学的思想与现代经济学相融合。弗兰克认为，企业所面临的风险与不确定性其实是有区别的。不确定性强调企业可以预知未来可能出现的每种状态，但不能确定每一种状态出现的概率；风险则强调企业可以预知未来可能出现的每种状态，而且能够确定每种状态出现的概率。[1] 弗兰克认为，企业理论的来源主要是存在不确定性及发生错误预期的可能。在人力资源市场中找到所需要的管理人员，并且让这些管理人员来管理团队、协调团队成员的行为对于企业而言是十分重要的。大多数的管理者往往是用一种一般化的方式指导别人的脑力劳动和体力劳动。不仅如此，管理者在对他人实施有效的控制和对他人的行为进行判断方面会表现出明显的智力差别。另外，人类所表现出的多样性在人们确定自身的判断和权力的可信度，以及个人的风险倾向性方面也起着作用。管理者的这些特性对组织形式也产生了深远的影响。组织中拥有较高执行力和较强的风险偏好的人通过对那些多疑和胆小的人承诺确定的收入，从而控制了组

---

[1] 弗兰克·奈特·风险不确定性与利润［M］. 北京：商务印书馆，2006.

织行为的结果，并且承担组织行为结果所导致的风险。企业的本质是将经济生活中的各项职能进行专业化，企业的责任和控制的密不可分性常常被忽略。在企业制度中，企业家作为特殊的社会阶层负责指导经济活动；企业家是真正的生产者，一般雇员只是为企业家提供生产性服务，让企业家支配自己及其财产；企业家则承诺确定的收入给那些提供生产服务的一般雇员。在自由社会中，人们在进行判断或决策的时候总是会存在一定的风险，同时还要对这些判断和决策承担相应的责任。弗兰克认为，由于人们在承担风险的能力和处理事情的能力方面有明显的差异，因此应该在管理者和一般雇员之间对风险进行有效地分摊。一方面，具有较强的风险规避需求的雇员将市场不确定性让渡给具有较高风险偏好的企业家，并且需要支付风险佣金给企业家；一般雇员由于其风险偏好较低，他们更倾向于获得一个相对稳定但水平不高的固定工资。另一方面，企业家由于更强的风险倾向而承担了更多的市场风险，企业家因此获得企业经营管理权和剩余索取权，获得一般雇员的风险佣金。企业因此是一种有效的制度安排，这种安排可以降低风险成本并提高生产效率。企业内部有效的制度安排是企业存在和保证利润的关键，企业家应当享有对企业一般雇员活动的控制权。这种对控制权的理解本质上是一种对行为的控制，但风险倾向的差异性有效地解释了企业制度安排存在的合理性。从现实世界来看，这种由风险倾向差异性决定控制权最优选择的理论存在着很大的片面性和局限性，相关的观点也遭到诸多学者的批评和怀疑。

5. 卡尔·马克思的企业控制权思想

卡尔·马克思（1818—1883）是犹太裔德国人，他不仅是马克思主义的创始人，更是一个伟大的政治学家、哲学家、经济学家、社会学家和革命理论家。马克思的政治经济学从资本家与工人在生产活动中对立的角度分析了企业内部控制权分配的问题。马克思认为，一切规模较大的直接社会劳动或共同劳动，都或多或少地需要指挥，以协调个人的活动，并执行生产总体的运动——这不同于这一总体的独立器官的运动——所产生的各种一般职能。[1]由于工人之间在生产过程中需要大量的合作，此时资本家所从事的指挥工作成为生产活动中客观需要的一个生产条件。马克思认为，资本家从劳动力市场按照劳动力的价值获取劳动力，由于他们支付了相应的价格，所以他们可

[1] 马克思，恩格斯. 马克思恩格斯选集（第一卷）[M]. 北京：人民出版社，1972.

以对劳动力进行支配和使用。因此“他们（劳动者）的劳动联系，在观念上作为资本家的计划，在实践中作为资本家的权威，作为他人的意志——他们的活动必须服从这个意志的目的——的权力，而和他们相对立”❶。马克思以团队合作生产和劳动分工为切入点，充分阐述了企业内部权威对整个团队指挥的重要意义，但他的局限性在于没有涉及资本家和劳动者之间契约关系的问题。

6. 伯利和米恩斯关于企业控制权的观点

1932 年，美国学者伯利（Berle）和米恩斯（Means）合著出版了《现代公司与私有财产》一书，书中提出了现代公司所有权分散问题和所有权与控制权分离的问题。在该部著作中，他们运用现代西方经济学的研究方法，通过对美国股份公司制度的深入考察，得出了现代大型企业的管理权不可避免地从私人资产所有者转移到具有管理技术的职业经理人手中的结论。他们指出，所有权与控制权的两权分离是现代企业制度的本质特征。在此基础上，他们还深入和系统地对控制权相关理论进行了研究。❷ 伯利和米恩斯的主要观点包括：（1）大公司高速成长论。他们认为，大公司一般可以高速成长，其主要方法包括收入的再投资、利用公开市场实现资本扩张及采用联合或者合并的方法。（2）股权分散论。他们指出，与大公司高速成长相伴的是股份的越发分散，而且公司的规模越大，股份的分散程度越高。（3）股东权利弱化论。他们指出，股份公司的股东在公司的经营和所得分配上拥有一系列的权利，其中，最重要的是支配权和收益权。但随着股份公司的成长，股份的日益分散，股东的支配权趋于弱化。事实上，“对于绝大多数股东来说，他们唯一能做的仅仅是盖章而已”，“一般股东对企业的各种活动全无权力，而且，股东即使具有投票权次投票权也很少可以用来作为民主支配的工具”。❸ 基于这种分析，他们得出如下结论：“股东的私人利益势必要服从经营者集团的旨意，既是企业的资本是以数以千计的个人集资而成也是一样。”❹（4）经营者控制论。他们指出，与大公司高速成长、股权日益分散和股东支配权弱化同时产生的，是经营者处于公司的控制地位。事实上，经营者在股份公司中所

❶ 马克思，恩格斯．马克思恩格斯选集（第二卷）[M]．北京：人民出版社，1972．

❷ 伯利，米恩斯．现代公司与私有财产［M］．北京：商务印书馆，2005．

❸ 伯利，米恩斯．现代股份公司与私有财产［M］．台湾：台湾银行经济研究所，1981．

❹ 伯利，米恩斯．现代股份公司与私有财产［M］．台湾：台湾银行经济研究所，1981．

处的地位，与海上船舶的船长或高级船员极为相似，他们对于传播的航行拥有至高无上的权力。他们认为，经营者控制是股份公司发展的必然结果。在股份公司制度下，可以用最少的股份所有权控制产业财富，即使完全没有股份，也可以行使控制权。“毫无控制力的财富所有权，与毫无所有权的财富控制力，这两者的出现，是股份公司发展的必然结果。”[1] 随着公司规模的扩大和股份的高度分散，不仅使个别股东掌握公司控制权成为不可能，而且“控制权越来越与所有者分隔得更远，而最后落在经营者之手，经营者可能使其本身地位永垂不朽”[2]。伯利和米恩斯的研究促使学术界对于控制权及相关问题展开了深入的讨论。

### （二）新古典经济学的企业控制权思想

新古典经济学主要是运用价格理论对公司行为进行了一定的解释和分析，但并没有提出完整的企业理论，更没有形成系统的有关企业控制权的成果。以阿尔弗雷德·马歇尔（Alfred Marshall，1842—1924）和保罗·萨缪尔森（Paul A. Samuelson，1915—2009）为代表的一大批新古典经济学家，主要是运用价格理论，在各种假设条件下试图证明资源配置的帕累托最优可以通过价格机制的有效运行来实现。新古典经济学将企业假定为一个能够自动地决定要素投入和产品产出的“黑箱”，这个“黑箱”是一个外生给定的、追求利润最大化与成本最小化的生产函数。新古典经济学将涉及企业问题中的认知能力、内部摩擦、不确定性及权利、关系等有关因素都忽略掉了，重点研究企业的供求问题、价格问题和成本最小化问题，忽视了交易成本。新古典经济学对于企业理论的解释由于很难准确地概念化或者模型化某些变量，因此几乎没有涉及企业内控制权问题。由于研究价格和市场问题的方法并不适用于研究企业内控制权，因此新古典经济学对企业理论的研究常常将企业内的控制权要素忽略掉，简单地将企业本身视作一个整体，这样才能有效地说明分权经济下引导会实现帕累托最优。新古典经济学的这种假设一方面将企业内部问题的复杂性进行了一定的简化，忽略了与控制权有关的问题，另一方面也增强了其研究体系的整体性和连续性。

---

[1] 伯利，米恩斯. 现代股份公司与私有财产［M］. 台湾：台湾银行经济研究所，1981.

[2] 伯利，米恩斯. 现代股份公司与私有财产［M］. 台湾：台湾银行经济研究所，1981.

### （三）古典经济学的企业控制权思想评述

早期经济学家在企业控制权问题方面的研究主要集中在对现实的经济现象和行为方面的分析，虽然其中一部分研究也是卓有成效的，但这些经济学家对企业控制权的研究还处在初级阶段，尚未形成系统的理论作为支撑，因此没有涉及控制权的本质。阿尔弗雷德·马歇尔、亚当·斯密和约翰·穆勒对企业中有关控制权的研究和描述，只涉及有关控制权的表面问题，如亚当·斯密所描述的联合股份公司概念，其本质是所有权与控制权实现两权分离后的委托代理问题。弗兰克·奈特的研究较之前者更进一步，他认为劳动者个体对于风险偏好的差异性是企业控制权的重要来源之一，同时对劳动者的体力劳动和脑力劳动进行了差别化分析，强调企业家的重要作用。但弗兰克·奈特将劳动者对于风险规避的差异性作为企业控制权形成的判断依据，具有很大的片面性和局限性。马克思的政治经济学从劳动分工和团队生产的角度研究企业中的控制权问题，但是尚未涉及劳动者和资本家之间的契约关系。尽管如此，马克思的研究还是为后续的研究提供了非常重要的平台。马克思明确界定了什么是“团队生产”，其后的德姆塞茨和阿尔钦将马克思的成果进一步深化，提出了“团队生产理论”，尤其是清晰地分析了组织租金是如何通过企业契约产生的。这些早期经济学家对企业控制权的研究无疑是具有深刻意义的，但企业控制权理论真正的系统化则是从科斯开始的。

## 二、科斯的企业控制权思想

罗纳德·科斯（Ronald Coase，1910—2013）是新制度经济学的鼻祖，产权理论的创始人，因为对经济的体制结构的研究取得突破性成果，他成为1991年诺贝尔经济学奖的获得者。1937年，他发表了最为经典的《公司的本质》一书，该书被视作现代企业理论的奠基石。科斯指出，企业是相对于市场而言的，在“市场—企业”的二元结构中，契约关系尤为重要，契约主要包括“市场契约”和“企业契约”两大类，市场与企业范围划分的重要依据就是企业的权威。科斯的论文《公司的本质》早在1937年就已经发表，但是在新古典经济学、剑桥学派、管理学派等当时主流的企业理论的环境下，科斯的这篇著作直到20世纪70年代才得到学术界的重视，并带来企业理论的革命性变革。科斯对企业控制权理论最大的贡献在于企业内权威问题首次被系统地纳入到企业理论体系中。

科斯认为，企业代替市场的根本原因在于这种取代可以降低交易成本，也就是说可以创造更多的盈利。科斯在对企业的本质研究时对新古典经济学对待企业问题的态度与方法提出了怀疑。科斯提出，新古典经济学假定交易成本为零在现实世界是不存在的；企业的本质特征是用企业的形式来替代和补充市场规则，通过内部化的形式来提高资源配置的效率；在市场体系中，“看不见的手”指挥着经济活动，而在企业内部，经济活动则是由“看得见的手”来指挥的，即由企业中的控制权对资源在组织内部进行配置。这种替代提高了经济活动的效率，有效降低交易成本。[1]

科斯认为，企业之所以能够降低交易成本，其主要原因在于三个方面：首先，在企业内部某一生产要素与其他生产要素会进行各种合作，该要素可以与合作的这些要素形成一系列的契约关系。当这种契约关系是一种长期取向时，它就可以取代一系列的短期契约。而且，企业内部各要素之间签约的成本会大大低于企业间的签约成本，从而能够降低交易成本。其次，企业家在企业内部可以以更低的价格得到生产要素，这种价格低于被替代的市场部分交易的价格。最后，各种生产要素为了获得相应的报酬而在契约条件下服从企业家的分配，而且契约也会限制企业家们进行处置决策的范围。当企业外部环境发生重大变故时，企业家可以运用这种相机处置能力来实现生产要素的最优化配置。所以，企业存在的根本原因在于，通过将社会化行为的内部化来降低交易成本，用更有效和更低成本的企业内部交易来取代市场交易。

科斯在《公司的本质》中提出的企业的本质和企业权威的观点对于企业控制权理论的发展产生了非常重要的影响，这主要表现在以下几个方面：首先，新古典经济学及之前的学者已经发现并且提出了企业内控制权的相关问题，但这些研究绝大部分只是对企业控制权的状况做了描述，并没有进行系统的理论分析。科斯先是提出了“企业权威”的概念，并且用这一概念来解释其所谓的企业的本质，从契约和交易成本的角度来赋予企业新的内涵，奠定了现代主流企业理论基础。其次，科斯认为在资源配置方面价格机制应该被企业内的权威关系所取代。换言之，是权威关系区分了企业和市场。最后，价格机制及市场行为被企业内部化的权威关系所取代，大大降低了交易成本，

---

[1] R. H. Coase. The Nature of the Firm Economica [J]. New Series, 1937 (4).

这也是企业本质的根本所在。因此，对企业本质的理解，就是对企业内权威关系的理解，即对降低交易成本原因的探究。

在此以后，企业理论主要分为两个发展方向，即完全契约理论与不完全契约理论。完全契约理论建立在委托—代理理论的基础之上，不完全契约理论又演化出两个分支，即交易费用经济学和产权理论。

## 三、契约理论的企业控制权思想

在科斯之后的契约理论中，有很多研究都涉及企业控制权问题，其中产权理论中的GHM理论将企业控制权问题作为企业管理的重要因素，从此对控制权问题的研究进入了一个新的阶段。

### （一）企业控制权与完全契约理论

20世纪中后期以来，阿尔钦（A. A. Alchian，1914—2013）和德姆塞茨（Harold Demsetz,1930—）、霍姆斯特姆（Bengt Holmstrom，1949—）和张五常（1935—）等学者逐步建立了委托—代理理论，该理论为完全契约理论奠定了理论基础。委托—代理理论一般有以下四个主要假设：

一是完全理性假设。该假设认为，契约关系中的委托人能够对或然事件与未来进行准确的预测，并根据这种预测来形成合适的契约，委托人有能力完全兑现所有的承诺。

二是信息不对称假设。该假设认为，委托人具有完全议价能力，但代理人与委托人之间的信息是不对称的，代理人拥有比委托人更多的真实信息，并且可以运用个人所掌握的信息进行事前的“逆向选择”，或者代理人在具体的执行过程中可以有选择性地“隐藏信息”；代理人也可能在事后一些不易观察的行动中做出不道德的行为。

三是契约自动有效执行假设。该假设认为，当契约无法按照约定履行时，无须进行再谈判，存在第三方可以帮助该契约得到有效的执行。

四是组织内的共谋现象不存在。该假设认为，委托—代理理论的激励方式是强调事前激励，委托人通过对契约条款的设定来充分激励代理人，委托人能够对签约完成的时间与未来进行完全准确的预测是契约的前提，在契约的履行过程中不需要进行再谈判。

委托—代理理论对契约的假定是完全的，但是签订契约的过程中和履行契约的过程中分别会产生交易费用和执行费用，委托人所拥有的企业控制权通过对代理人的监督权来体现，即委托人在对契约进行细致的设定之后，剩下的工作主要是对代理人进行有效监督，防止由于委托人与代理人之间的信息不对称而造成代理人的不道德行为。即使在契约履行的过程中出现问题，也会有独立的第三方帮助契约得到有效的执行。委托—代理理论认为，企业控制权的核心是监督契约执行，忽略了“剩余控制权”或“权力”的存在。由于委托—代理理论假设的局限性，其对企业控制权的研究并没有涉及问题的本质。总之，完全契约理论仍然受到“阿罗—德布鲁”传统的深刻影响，认为契约本身是无所不能的，忽略了控制权本身存在的空间，这与科斯对于企业本质的解释是有明显区别的，科斯认为企业资源的分配是依据组织权威来完成的。完全契约理论由于对契约的完备性假设而忽略了组织权威的存在，而组织权威是很多有关组织内控制权研究的重要内容。

### （二）不完全契约理论与企业控制权

不完全契约理论起源于20世纪60年代，该理论对契约的完备性假设提出了质疑，并将契约的不完全性作为对企业问题进行研究的理论基础。契约的不完全性是科斯在《企业的本质》中首先提出的。科斯认为，预测存在较高的风险性，所以商品或者服务供给的契约期限越长，契约无法履行的可能性就越大，因此买方就越不倾向于具体限定卖方的行为。不完全契约理论主要演化为交易费用经济学和产权理论，这两种理论都强调有限理性和机会主义是契约不完全的主要原因，并且提出在不完全契约条件下如何提高投资效率问题。

1. 企业控制权与交易费用经济学

科斯虽然在其开创性的论文《企业的性质》中提出来了“交易费用”（transaction cost）的概念，但因为“交易费用”通常被认为是一个“大而化之”的概念，无法量化，难以进行实证检验，因此，在此后长达30年的时间中，这一概念一直处于“引而不用”的尴尬境地。庆幸的是，威廉姆森（Oliver Williamson，1932—）和克莱因（Benjamin Klein，）等经济学家以不完全契约假设和有关企业本质的主要观点为基础，对科斯的理论进一步深化，构建了交易费用经济学，提出了“资产专用性”“有限理性”和“机会主义”三个重要的观点。

“有限理性”是指程度适中的理性，介于演化经济学主张的弱理性和新古典经济学提出的完全理性之间。赫伯特·西蒙（1961）认为，“有限理性”是指人们尽管期望以理性的方式行动，但是他们的见识、预见、技能和时间等都是有限的，这一切都阻碍了他们完全理性的行动，他们不可能完全实现理性，只能在一定程度上实现理性。由于有限理性的存在，人们不能瞬间解决复杂的问题，也无法预测未来可能发生的所有事情；而对于他们所预见到的突发事件，他们也不能总是计划周详并做出恰当有效的反应。另外，由于每个人都是有限理性的，所以并不存在为交易者提供上诉帮助的、准确且廉价的解决协议纠纷的全职全能的第三方。

“机会主义”是指交易者背信弃义、合同欺诈、逃避责任、规避法律、钻空子的意愿，或者其他各种为了尽可能榨取更大份额的交易产生的租金而利用交易对手弱点的意愿和行为。通俗来讲，机会主义就是指用欺诈手段来算计的行为，也可以说就是一些投机性的行为。机会主义行为可以分为两大类：（1）对联合剩余最大化行为的偏离，这将导致现有合同条款下交易收益的事实上的再分配。（2）从一开始就指望榨取更有利的合同条款或者强迫重新谈判以便合乎法律地修改以前商定的条款（克莱因，1992 和马斯腾，1988）。由于至少部分个体存在机会主义行为倾向（威廉姆森，1975，1979），交易的潜在收益有可能无法实现。虽然合作可能提高交易者从交易中得到的价值，但所有交易都蕴藏潜在的冲突，因为每一个交易者都希望从交易中攫取尽可能大的利益份额。

“资产专用性”是与资产通用性相对应的一个概念，指某项投资一旦做出就不可能转作其他的用途，若改作他用，则可能变得毫无价值，或其价值会产生重大的损失。[1] 威廉姆森将资产专用性划分为五类，即地理区位的专用性（site specificity）、人力资产的专用性（human asset specificity）、物理资产专用性（physical asset specificity）、完全为特定协约服务的资产（devoted asse ts specificity）和名牌商标资产的专用性（br and asset specificity）。资产专用性必然会导致资产要素在不同行业间再配置时产生相关成本费用。某行业要素的资产专用性越强，说明改变旧资产的转换成本越高，于是行业的进入壁垒和垄断程度越高。相反，资产同质性越强，则变更经营领域的成本

[1] HERBERT SIMON. Administration Behavior [M]. New York: Macmillan, 1961.

越低。

基于人的有限理性和机会主义行为及资产专用性等与特定交易有关因素的存在，导致了交易成本的产生。而交易成本和交易自由度的大小，决定了市场运行和资源配置的效率。这构成了交易费用经济学的核心。

交易费用经济学提出了有关交易属性的四个基本前提假设。第一，契约各方是有限理性的，且在交易活动中各方都具有投机倾向；第二，契约是不完全的，契约不可能约定所有的或有事项；第三，交易不是在一次谈判中完成的，交易中存在大量的再谈判，交易本质上取决于司法中心的私人秩序；第四，某些投资的资产是具有专用性的。

交易费用理论将交易视为不同属性的不完全契约，这些契约的交易费用也不同。交易费用理论通过交易中的不确定性、交易频率和资产专用性来描述交易及衡量交易费用，认为不完全契约下的“敲竹杠”问题可以依靠企业、市场、混合形式（抵押、特许经营等）和官僚等多种治理结构来化解。交易成本理论将契约按照其属性划分为关系型、古典型及介于其间的新古典型和另一种关系型以及官僚组织。古典型契约是指契约中不涉及专用性投资，契约的不确定性和交易频率无论高低，都适合依靠市场来解决；关系型契约指契约的不确定性、交易频率和资产专用性程度三者都比较高，适合通过企业来解决；而介于关系型和古典型之间的新古典契约和另一种关系型契约，则分别依靠市场和企业的混合形式来解决。

交易费用经济学中没有直接对企业控制权进行研究，但是从一个新的角度界定了企业控制权的边界。威廉姆森在研究组织的扩张时指出，企业作为一种经济组织其扩张是有限的，原因在于科层增加所导致的控制性损失。[1]企业的扩张可以降低交易成本、减少机会主义的投机。但是，企业的扩张也是存在成本的，这些成本主要来自于官僚主义，也就是控制权成本。这正与科斯提出的企业从某种程度上取代了市场行为从而降低了交易费用的观点是相符的。企业扩张所带来的科层增加会导致企业内交易成本的上升，当这种交易成本大于或等于同期的市场交易成本时，企业取代市场的行为则毫无价值，企业控制权也变得没有实际意义。因此，交易成本的高低直接决定了企业控制权的范围。企业存在意义就在于企业内的交易费用等于或低于市场交

[1] 威廉姆森．资本主义经济制度——论企业签约与市场签约［M］．北京：商务印书馆，2002.

易费用。而且，交易费用经济学注重在事后进行激励，即在企业内，解决“敲竹杠”问题的关键在于控制权。

2. 产权理论与企业控制权

通过前文的论述，笔者认为交易费用理论和委托—代理理论并没有从本质上对企业控制权进行研究。企业控制权问题在很长时间内没有得到学术界足够的重视，直到20世纪中后期，格罗斯曼（Grossman)、哈特（Hart）和莫尔（Moore)等人提出的不完全契约理论（即GHM模型，Grossman－Hart－Moore模型，GHM理论或称所有权—控制权模型，以下简称GHM模型）才改变了这种现状。GHM模型以合约的不完全性为研究起点，以财产权或（剩余）控制权的最佳配置为研究目的，是分析企业理论和公司治理结构中控制权的配置对激励和对信息获得的影响的最重要分析工具，它直接承继科斯、威廉姆森等开创的交易费用理论，并进行了批判性发展。格罗斯曼等人的研究（GHM理论）发现，交易费用经济学强调通过规范公司治理结构解决契约问题，对企业内部控制权问题没有进行深入的研究。格罗斯曼等人指出，“对权力是重要的观点或者制度安排是对经济主体之间权力配置的观点却未能给予足够的关注”。[1] 在此以后，格罗斯曼、哈特及莫尔基于交易费用经济学的基本观点，深入研究了企业内的控制权问题。哈特和莫尔等学者其后开创性地在企业理论分析框架的研究中导入了控制权问题，提出了著名的GHM理论（或GHM模型）。几乎与此同时，博尔顿、阿吉翁和西格尔等学者也从不完全契约理论的角度对企业控制权问题进行研究，进一步促进了企业控制权理论的发展。GHM理论沿用了交易费用经济学提出的专用性投资、交易费用、第三方作用、有限理性和契约不完全性等基本假设，但GHM理论更强调契约不完全性对交易本身的影响。当契约中没有明确规定未来的全部或有事件及其相关责任权力时，“这些未被契约明确规定的情况出现时谁有权做出决定”，“可以按任何不与先前的契约、惯例或法律相违背的方式决定资产所拥有的权力”，以及“这种权力应该配置给谁”的问题。[2] GHM理论将这种权利命名为“剩余控制权”，认为它是确切控制权的补充部分。GHM理论

[1] GROSSMAN S，HART O. The Costs and Benefits of Ownership [J]. Journal of Political Economy，1986 (94).

[2] HART O，MOORE J. Default and renegotiation. A dynamic model of debt [J]. Quarterly Journal of Economics，1998.

认为"剩余控制权"可以通过资产的所有权而获得，其表现形式是非人力资产所有者有权决定资产的分配和使用方式。GHM 理论提出，由于契约存在不完全性，契约各方之间的关系始终是动态变化的，一旦契约规定之外的或然事件发生，拥有"剩余控制权（非人力资产所有权）"的一方会立即做出决策，形成应对或然事件的解决方案。杨其静（2002）认为，由于契约双方中性的风险偏好和信息对称、契约双方独特的契约与权力观及契约双方无法约定事后不进行重新谈判的这三个假设，GHM 理论摆脱了完全契约理论的束缚，将研究的重点转化为剩余控制权或者物质资产所有权或剩余控制权的优化问题。[1] GHM 理论开创了有关企业控制权理论研究的新纪元，不完全契约理论也进入了快速发展时期，随之也演化出诸多新观点。

产权理论认为，产权实际上是一种介于所有者和经营者之间的契约关系。企业的财产所有权为企业所有者所拥有，而管理权为企业实际经营者所拥有，所有者和经营者之间存在某种利益分配的契约关系。但随着公司规模的扩大，所有者约束经营者管理行为变得越来越困难，经营者自我利益最大化的行为日益增多，公司股东的财产实际上由非财产所有者所掌控，即产生了所谓"内部人控制"的现象。因此，公司的产权所有者与实际经营管理者之间的博弈引发了公司产权所有者与人力资本所有者（实际经营管理者）对公司权力配置的新问题，即控制权问题。控制权既关系到财产所有权的实现，同时也关系到产权经济利益的保护。

GHM 理论出现以后，便很快成为控制权理论研究的主流。GHM 理论在企业事前投资研究的基础上引申出了企业控制权问题，并就控制权配置进行了深入研究。阿吉翁和博尔顿（1992）认为，当事人的财富一定是有限的并且是受到某种约束的，他们通过将控制权配置设定为决定企业价值的一个决策变量来分析，构建了最佳企业融资结构理论。[2] 在不完全契约前提下，有无限财富的资本所有者与受财富约束的企业经营者之间的控制权分配通常符合以下规则：如果公司中的某一方的利益与公司总的利益不是同步增长的，那么这一方就不应该拥有控制权；如果公司中各方的利益与公司总的利益都

---

[1] 杨其静．契约与企业理论前沿综述［J］．经济研究，2002（1）．

[2] AGHION，P，P. Bolton. An Incomplete Contract Approach to Financial Contracting［M］. Review of Economic Studies，1992.

不是同步增长的，那么最佳的方式是采取相机控制。[1] 控制权的配置方式不仅影响经营者和所有者的个人收益，甚至还将影响企业价值。阿吉翁和博尔顿的研究主要是针对控制权配置如何影响企业价值的问题，并没有涉及控制权的来源以及控制权的决定因素。随后，哈特（1995）等通过研究发现，经营者与所有者之间是一种动态的关系，随着时间的推移总是可能发生一些或有事件，要准确预测这些或有事件并将其写入契约中是十分困难的，在这种条件下控制权起着至关重要的作用。基里连科（2001）对控制权配置的最优组合方式及控制权配置的主要影响因素进行了分析，发现创业型企业的控制权通常不是由某一方完全拥有的，是多方博弈的结果。[2] 瓦乌赫科宁（2003）提出了连续且相机转移的控制权配置模型，他认为，随着公司绩效的动态变化，控制权在所有者和经营者之间实现相机转移，公司业绩最优时控制权完全集中于经营者，公司业绩最差时控制权完全集中于所有者，公司业绩介于其间时，控制权在所有者和经营者之间博弈。德赛恩（2005）提出了企业控制权的连续变量分配模型，他一方面认为控制权是可以在股东之间相互分享的，另一方面又认为控制权是一种静态配置的状态。[3]

许多学者对GHM理论也提出了诸多质疑，与企业控制权相关的质疑主要集中在如何技术地处理“外部选择权”问题、控制权与剩余控制权的混淆问题以及控制权的来源问题。首先，剩余控制权与控制权的混淆问题。GHM模型中对于“剩余控制权”一直没有明确的定义。“剩余控制权”有时指一部分控制权，而有时指全部控制权。哈特认为，没有必要对契约规定的控制权与剩余控制权进行区分，事实上剩余控制权就等同于完全控制权。[4] 另外，有些学者认为由于很难把握企业运行规律和控制权的内涵，因此企业控制权并不是一个非常严谨的范畴。其次，“外部选择权”。“外部选择权”是指当事人在离开公司的时候可能获得的机会收益。梅扎和洛克伍德等人经过研究得出与GHM理论相反的结论，他们发现，当企业存在外部选择权同时外部选择权具有约束效果时，经营者所拥有的资产较少但其专用性投资激励更强。最后，关于控制权的来源、分配与执行问题。拉詹和津格莱斯提出，权力不

---

[1] 费太安，许光伟．不完全契约下的中小企业关系型民间融资研究［J］．江淮论坛，2008（5）．

[2] Andrei A.，Kirilenko. Valuation and control in venture finance［J］. Journal of Finance，2001（2）．

[3] Dessein W.．Information and Control in Alliances& Ventures［J］. Journal of Finance，2005（3）．

[4] Hart Financial Contracting［J］. Journal of Economic Literature，2001（4）．

仅是物质资产，那些有能力去接近和使用资产、思想和人力资源等关键资源的要素，也是权力的一种来源。同时，所有权需要有某种外来权威来执行，否则所有权将失去其本身的意义，GHM 的理论框架也就没有适用的空间。❶梯若尔等人认为抽象意义上的“剩余控制权”概念毫无意义，实际控制权的配置应该与信息和知识的分布相对称，也就是控制权应该配置给那些掌握信息和知识的人，这样可以降低控制权配置成本。❷

## 四、控制权内涵的形成

控制权是从所有权中派生出来的经济性权利，因而它同所有权密切相关，但它又与所有权存在明显的差异。1983 年詹森（Jensen）和法玛（Fama）将企业的所有权定义为剩余索取权，即企业总收入扣除所有固定契约支付后的剩余金额的索取权。❸ 从公司投资者的角度来看，他们所拥有的所有权的本质是他们按照其持有的股份比例来获取公司现金流量的权力，即享有获取企业剩余的权力。在大多数的研究中，所有权通常是由投资者所持有的现金流量权的大小来衡量的。企业剩余原本应该由全体投资人共同分享，但在实践中，企业剩余分配方案往往是由企业控制权的拥有者制定的。在一般情况下，所有权最终是通过控制权来实现的。

控制权的界定在学术界一直是一个难以统一的问题。在有关企业管理方面，对控制权的界定主要有两个方面的来源：一是出自伯利和米恩斯（1932）出版的《现代公司与私人财产》，该书中明确提出所有权与控制权两权分离的治理结构，并且认为控制权是投资者所拥有选举董事会成员或其多数成员的权利；他们认为，控制权是与所有权相对应的概念，在控制权与所有权两权分离的环境下控制权才有其实际意义。❹ 二是出自“不完全契约理论”中的剩余控制权。格罗斯曼等人（1988）认为，企业的控制权实际上可以看作是剩余控制权，它是在企业产权契约明确规定的特定控制权之外的控制权，它所

---

❶ RAJAN R.，Luigi Zingales. Power in a Theory of the Firm [J]. Quarterly Journal of Economics，1998 (2).

❷ AGHION P.，TIROLE J.. Formal and Real Authority in Organizations [J]. Journal of Political Economy，1997 (105).

❸ 殷晓颖. 我国制造业上市公司终极控制权之分析框架 [J]. 财会月刊，2010 (10).

❹ BERLE，A.，G. MEAMS. The Modern Corporation and Private ProPerty [M]. NewYork：Macmillan，1932.

指的控制权实质是对企业物质资产的控制权，并认为企业所有权的核心是剩余控制权。[1] 所以产权经济学和 GHM 理论认为企业控制权本质上就是剩余控制权。基于不完备契约理论，可以将企业的契约控制权划分为剩余控制权和特定控制权。特定控制权是指通过契约的规定在事前就做出明确规定的控制权权力，即在制定契约的时候就明确规定的契约方在何种情境下可以如何使用相应的权力；剩余控制权则是指在制定契约的时候无法明确界定在何种情境下如何使用的权力，这种权力主要是决定资产在契约所明确规定的指定用途以外如何使用。[2] 控制权的这种解释是建立在产权理论中有权契约的不完全性假设的基础之上的。契约不可能是完全的，总是存在这样或者那样的遗漏和缺失。[3] 也就是说，契约只能规定某些条件下利益各方的责任，但是对其他条件下利益各方的责任则无法做详细的规定。当契约中遗漏的事项发生时，就必须由某人做出如何弥补这个遗漏的决定，这样就产生了剩余控制权。在古典企业中，企业的所有者和经营者是一体的，企业的剩余控制权和特定控制权都由所有者控制。然而在现代股份制企业中，由于实现了两权分离，特定控制权即经营管理权由公司所聘用的职业经理人控制，主要包括公司常规的生产、财务、人事、营销等权力；而剩余控制权则由作为所有者代表的董事会控制，主要包括如聘用和解雇总经理、重大重组、并购、出售等战略性的决策权。法玛和詹森（1983）从与控制权密切相关的决策权作为切入点，将企业决策照决策程序分为决策管理和决策控制。决策管理主要是制定最初的决策并且贯彻和执行这一决策，而决策控制主要对最初制定的决策的选择和决策的执行进行监督。因此，决策管理权通常由经理人所掌握，决策控制权通常由所有者掌握。

国内学者对于企业理论的研究最早始于对国有企业改革问题的探究。钱颖一（1989)率先将现代企业制度的思想引进中国，对现代企业中的“两权分离”做了较为深入的研究。现代企业中的两权分离是指企业的控制权和所有权的脱离。企业的经营管理权只是控制权中的一小部分，不能完全代替控制

---

[1] GROSSMAN, SANFORD, OLIVE HART. One Share to one Vote and the Market for Corporate Control [J]. Journal of Financial Economics, 1988 (20) .

[2] 梁学洪. 公司控制权的演进及其本质 [J]. 江汉论坛, 2008 (10).

[3] Hart O., Moore J.. Default and renegotiation, A dynamic model of debt [J] . Quarterly Journal of Economics, 1998 (1).

权。我国学者早期在研究企业所有权的过程中，逐步开始认识到控制权本质上是企业所有权的重要组成部分。后来，随着契约分析方法的运用，“控制权”思想渐渐地被纳入企业理论。张维迎（1995）提出，所有权是由剩余索取权和剩余控制权组成的，他认为控制权应该是挑选并监督代理人的权力和在某种情境下决定应该采取什么行动的权威。[1] 按张维迎的观点，如果我们将企业所有权分解为企业的剩余索取权和剩余控制权的话，一般认为的现代企业控制权的含义（剩余控制权）和控股权含义（剩余索取权）正好体现了剩余控制权与剩余索取权的脱离。[2] 换言之，企业所有权本质上可以看作是状态依存所有权。所有者由于其持有的所有权而获得了相应比例的剩余索取权，但由于控制权和所有权的两权分离而未必会获得相应比例的剩余控制权。因此，控制权的内涵较剩余控制权更为广泛，它既包含契约中规定的决策权，也包括没有规定的决策权。杨瑞龙、周业安（1997）在控制权方面提出了新的观点，他们试图让控制权的内涵更丰富，并希望能减少由于控制权概念内涵的含糊性，从而避免控制权理论上的混乱，而把剩余控制权定义为企业的重要决策权，这反而使相关概念的内涵更为混乱。[3]

综上所述，笔者认为控制权的定义可以归纳为对企业的重要事项和主要活动进行决策的权力，这样既区分了控制权与剩余控制权，又对控制权的涵盖范围有较清晰的界定。

## 第三节　控制权收益相关理论综述

### 一、关于控制权收益的界定

控制权收益也称控制权私人收益（Private Benefits of Control）。这一概念最早是由格罗斯曼（Grossman）和哈特（Hart）于 1988 年提出的。他们指出，控制权收益是指控股股东通过行使控制权而占有的全部价值之和，包

[1] 张维迎．企业的企业家——契约理论［M］．上海：上海人民出版社，1995.

[2] 张维迎．企业理论与中国企业改革［M］．北京：北京大学出版社，1999.

[3] 杨瑞龙，周业安．一个关于企业所有权安排的规范性分析框架及其理论含义［J］．经济研究，1997（1）.

括自我交易、对公司机会的利用、利用内幕交易所获得的全部收益、过渡报酬和在职消费等。他们在研究公司投票权和现金流权利的最优分配时，将公司的价值分为两个组成部分，即控制权共享收益和控制权私人收益两部分。[1]通常认为，通过收购目标公司股权获得其控制权后，一方面，大股东可以通过改善公司的经营绩效等方式提高公司的价值，从而获得股息收益，即共享收益，该收益由全体股东共同获得和分享；另一方面，大股东可以通过利用未经披露的内幕信息帮助大股东的关联公司获取超额利润、向大股东的利益关联方进行利益输送、转移公司资源、向管理层或自己支付过高的薪酬和补贴以及利用大股东或者公司的声望等方式来谋取其他股东无法获得的各种收益，即私人收益，该收益由大股东独自享有。共享收益主要取决于所持有的公司股权的比例、公司盈利状况等因素；私人收益主要取决于是否拥有公司控制权、控制权水平以及控制权结构等因素。

Fama 和 Jensen（1983）认为，控制权收益本质上是一种超出现金流量权的超额回报，是控股股东通过侵占一半股东的收益而获得的超出其所有权对应的应得收益。哈特（1990）研究发现，公司中的现金流量权和控制权分离时，控股股东就产生谋取私人收益的可能。[2] La Porta（2000）研究发现，控股股东控制权和现金流权分离程度与控股股东对中小股东利益侵害呈正相关，分离程度越高，控股股东损害公司运营效率的可能性越大。[3] Simon 和 Johnson 等学者提出，控制权收益实际上是控股股东侵害中小股东利益的结果，这种控股股东侵占中小股东合法权益的行为对公司的经营业绩也是有损害的。Dyck 和 Zingale（2001）将控制权收益定义为公司中通常是由控股股东垄断而中小股东不能分享的利益。[4] 这些研究结果都表明，控制权私人收益是控股股东或者控制权的所有者利用其掌握的控制权为自己谋取的私人收益，通常情况下是以牺牲中小股东的收益作为代价的。Jensen 和 Meckling 基于委托代

[1] GROSSAN Sanford, Hart O. One Share-One Vote and the Market for Corporate Control [J]. Journal of Financial Economics, 1988 (20).

[2] Hart O., J. Moore. Property Rights and the Nature of the Firm [J]. Journal of political economy, 1990 (98).

[3] Johnson S., La Porta, A. Shleifer. Tunneling [R]. American Economic Review Papers & Proceedings, 2000.

[4] Dyck A., L. Zingales. Private Benefits of Control: An International Comparison [R]. Working Paper, Harvard Business School and University ofChicago, 2001.

理理论认为，控制权私有收益是仅仅由企业的高层管理者独享的收益，如将大量的公司财富用于购买豪华的办公设施、管理者个人享受及建立公司王国等。[1] Ahgion 和 Bolton（1992）认为，企业的货币收益按照所有者所持有的股份比例在所有者之间进行分配，控制权收益则仅仅由掌握控制权的管理者所拥有；控制权收益在本质上是控制权所有者通过运用控制权而取得的利润外的所有收入及企业为其所承担的全部个人开支。[2] Shleifer 和 Vishny（1997）认为，控制权收益可分为货币性收益与非货币性收益。货币性收益通常指控股股东通过侵占的方式进行资产转移，利用控制权在经营过程中超标准公款消费，进行内幕交易和利益输送等；非货币性收益是指控股股东利用其掌握的控制权满足个人偏好、建立个人声望等非物质享受。[3] 总之，控股股东独享控制权收益，导致公司收益没有在所有股东中按股权比例进行分配。

国内学者在控制权收益方面也提出了诸多见解，这些见解大多与国外学者的观点相一致。如张维迎（1988）认为，控制权收益是拥有公司控制权的个人直接占有的收益，包括货币和非货币两个方面；[4] 唐宗明和蒋位（2002）认为，控制权收益是控股股东利用控制权获得的超出其持股比例的额外收益；[5] 施东晖（2003）认为，控制权价值分为控制权的共享收益（所有股东按照持股比率获得收益）和私有收益（以其他股东的利益为代价并且由控股股东独享）两方面。[6] 刘佳刚（2006）认为，控制权收益可分为管理者控制权收益和大股东控制权收益，管理者控制权收益由固定收入、奖金、职务消费、声誉收益等组成，该类控制权收益的大小受资产规模、前期控制权收益、资产负债率、公司成长能力、关联交易、法律保护程度等因素的影响；而大股东控制权收益由占用资金收益、担保收益、关联交易收益组成，并受资产规模、资产结构、资本结构、法律保护程度、公司成长能力、独立董事数额、

---

[1] Jensen M. C., Meckling W. H.. Knowledge, Control and Organization Structure, Contract Economics [M]. London: Cambridge Press House, 1992.

[2] Aghion P., P Bolton. An Incomplete Contract Approach to Financial Contracting [J]. Review of Economic Studies, 1992 (3).

[3] Schleifer and Vishny Corporate Ownership around the World [J]. Journal of Finance, 1999 (54).

[4] 张维迎. 控制权损失的不可补偿性与国有企业兼并重的产权障碍 [J]. 经济研究, 1998 (7).

[5] 唐宗明, 蒋位. 中国上市公司大股东侵害度实证分析 [J]. 经济研究, 2002 (4).

[6] 施东晖. 上市公司控制权价值的实证研究 [J]. 经济科学, 2003 (6).

是否控股、是否国有、是否存在外部股东等因素的影响。[1] 刘少波（2007）认为控制权收益应该分为合理控制权收益和超控制权收益，合理控制权收益是控股股东控制权的风险溢价，是控制权成本的补偿，它与控股股东侵害无关，控股股东侵害的实质是获取超控制权收益，即由控股股东获得的，除控制权收益与现金流权收益之外的超额收益，它是通过控股股东对其他中小股东合法权益的侵占来实现的。[2]

综合国内外学者对于控制权收益研究的文献，笔者认为，虽然国内外学者对控制权收益的理解存在一定的分歧，但并不存在本质上的差异，且在认识上表现出相似的规律。如在早期大部分学者将控制权收益与控股股东对中小股东利益的侵害相联系，强调控制权收益是控股股东独享的私人收益，认为控制权收益严重损害了公司的利益，并且是对中小股东利益的一种损害。但近年来也有不少国内外学者提出了不同观点，如 Holderness（2003）认为，控制权收益不一定会降低中小股东的权益[3]；刘少波（2007）指出，将控制权收益定性为大股东对中小股东利益的侵害，这在一定程度上扭曲了大股东侵害的实质，导致了一系列无法解释的理论和现实问题；曾林阳（2008）通过对控制权收益实现路径的研究发现，控制权收益是否对中小股东造成侵害是不定的；[4] Cronqvist et. al.（2009）的研究结论表明，控制权收益不一定会对公司产生负面效应，在一定条件下控制权收益仍会对公司价值产生积极作用；[5] 冉戎（2010）通过建立模型得出推论，合理控制权收益不会造成中小股东利益和公司价值的损失，但超控制权收益会对中小股东的利益和公司价值造成损害；[6] Thomas（2011）的研究强调了控制权共享收益的部分，指出股权交易有助于使股东的权益达到最大化，因为购买控股权的一方旨在未来从

---

[1] 刘佳刚．公司控制权收益问题研究［D］．长沙：中南大学，2006.

[2] 刘少波．控制权收益悖论与超控制权收益——对大股东侵害小股东利益的一个新的理论解释［J］．经济研究，2007（2）.

[3] Holderness Cliford G.，A Survey of Blochholders and Corporate Control［M］. Economic Policy Review，2003（4）.

[4] 曾林阳．大股东超控制权收益与合理控制权收益实现途径［J］．云南民族大学学报，2008（7）.

[5] Cronqvist Henrik，Heyman Fredrik，Nilsson Mattias，et. al.，Do Entrenched Managers Pay Their Workers More［J］Journal of Finance，2009（1）

[6] 冉戎．合理控制权收益、超额控制权收益与公司投资行为研究［D］．重庆：重庆大学，2010.

公司股权中获益，中小股东也可从中获益。[1]

## 二、关于控制权收益产生原因的研究

尽管现有的研究对控制权收益有不同的界定，但很多学者在研究中依然将控股股东侵占中小股东利益作为研究控制权收益的切入点。这在很大程度上与控股股东或者控股股东侵害中小股东利益攫取私有收益的问题日益成为公司治理中最尖锐的问题密不可分。Johnson 等人（2000）形象地将上市公司的控股股东通过各种正当及非法的手段侵占中小股东的利益的手段描述为“隧道挖掘（Tunneling)”，并将其定义为企业的控制者通过行使对公司的控制权将公司的资产和合法收入以合法的或者非法的途径转移给自己或者关联方的各种行为，其主要形式包括利用上市公司为关联公司提供担保、违规占用或者挪用上市公司资金、以超高交易价格进行利益输送等。“隧道挖掘”生动地描述了控股股东通过隐秘的方式将公司或中小股东的利益转移到自己手中的过程。控股股东侵占小股东利益的手段多种多样，如控股股东通过上市公司为关联公司担保而取得贷款、夺取企业的投资机会或者迫使企业投资于不盈利但却有利于控股股东的投资项目、支付给高层管理者过高的薪酬和补贴、通过非正常交易进行利益输送等。“隧道挖掘”在发展中国家的股票市场及欧美发达的证券市场中都普遍存在，即使是资本市场监管最为严厉、信息披露较完善的市场，少数利益群体利用“隧道挖掘”来损害中小投资者利益的行为也是屡见不鲜。那么，导致这种类型的控制权收益产生的根本原因是什么呢？对此，人们试图利用不完全契约理论、两权分离理论、委托代理理论、信息不对称理论等不同的理论为控制权收益的存在寻求解释或理论支撑。

### （一）不完全契约理论

如前所述，起源于 20 世纪 60 年代的不完全契约理论主要对契约的完备性假设提出了质疑，并将契约的不完全性作为理论基础对企业问题进行研究。契约的不完全性是科斯在《企业的本质》中首先提出的。随后，不完全契约理论主要演化为交易费用理论和产权理论，这两种理论都强调有限理性和机

---

[1] Thomas Poulsen, Private Benefits in Corporate Control Transactions [J] . International Review of Financial Analysis, 2011 (20).

会主义是契约不完全的主要原因，并且提出在不完全契约条件下如何提高投资效率问题。

不完全契约理论认为，由于人们的有限理性、信息的不完全性及交易事项的不确定性，使得明晰所有的特殊权力的成本过高，拟定完全契约是不可能的，不完全契约是必然和经常存在的。由于不完全契约的存在，所有权就不能像传统产权理论那样以资产这一通常的术语来界定。因为，在契约中，可预见、可实施的权利对资源配置并不重要，关键的应是那些契约中未提及的资产用法的控制权力，即剩余控制权（residualrightsofcontrol）。

依据不完全契约理论，在两权分离的情况下，股权实际上是所有者对企业现金流的一种剩余索取权。在投资者授权经理人使用和管理资金时，应当在契约中规定资金的使用方式和收益分配方式。但是由于信息的不对称和人们的有限理性，造成现实中的契约总是不完备的。契约的不完全性导致契约中会遗漏许多无法预见的情况，契约的各方必须对这些情况的决策权即剩余控制权进行分配。契约本身的局限性使得现实中的公司控制者拥有较大的自由空间来配置资金。这就为公司的控制权所有者攫取控制权收益提供了机会和空间。

### （二）委托代理与两权分离理论

控制权的配置方式本质上是取决于所有权结构的，两种不同的股权结构引发了两类代理问题。然而，所有权的结构演变是受控制权收益大小影响的。在股权相对集中的结构下，控股股东为了最大限度地获得控制权私人收益，运用了不同的股权分离方式。

1. 股权结构理论

传统公司治理理论认为，公司股东与经理人之间的利益冲突（第一类代理问题）是公司治理矛盾的主要方面，经理人具有私人收益最大化的强烈动机，即“贝利—米恩斯命题”。公司中的大股东能够有效地抵制经理层私人收益最大化的自私行为，他们会尽一切可能来限制经理人员的自利活动，从而将企业价值最大化。然而，从 20 世纪 80 年代开始，学术界关于所有权结构方面的大量研究对传统的分散所有权结构的观点提出了质疑。贝利—米恩斯提出的股权分散及两权分离的情境并不适合现代企业，现代企业的股权结构中有相当一部分呈现出大股东控制公司的特点。大股东能通过各种方式控制上市公司，并通过影响上市公司的各项重大决策来为其谋取控制权私人收益，这样就导致控股股东具有强烈动机和能力来牺牲中小股东的利益进而掠夺公司财富。尽管中小股东拥有与他们所持有的股份相应的现金流的权力，但是他们的利益却常常面临被控股股东侵占的威胁，控股股东可以通过实施其控制权，侵占以中小股东的利益为代价而获得私有收益。

Shleifer 和 Vishny（1997）对世界各主要资本市场上市公司的股权结构进行了比较，他们认为在大股东能利用其掌握的控制权直接控制公司的时候，他们通常有强烈的动机利用控制权侵占中小股东的利益，最大化其控制权的私人收益。有些国家对于中小投资者的利益保护不到位，使得控股股东的主要动机演变为侵占其他中小股东利益来谋取最大化的私人收益。[1] La Porta 等人（1999）研究发现，在投资者利益得到较好保护的国家，大部分公司的股权结构是分散的；然而在投资者利益得不到全面保护的国家，大部分公司的股权结构是较为聚集的，通常是由家族成员控股或者国家控股，企业法人或者金融机构作为控股股东的情形并不普遍。而且，股权相对集中的公司中，控制权与现金流量权的两权分离主要是通过控股股东直接参与经营管理和建立金字塔式的股权机构来完成的。金字塔式的股权结构可以使终极控制股东在拥有较低的股权比例条件下获得公司的实际控制权。在中小股东利益都不到有效保护的国家，控股股东总是利用对公司的控制权侵蚀这些中小股东的利益。控股股东为了将控制权私人收益最大化而利用控制权侵占其他中小股东合法权益时，公司股权的集中度越高，公司价值评估越低，公司价值折价的多少正好反映了控股股东对少数股东利益的侵占程度，这种情况在中小股东利益保护薄弱的国家尤其明显。特别的，Claessens 等人（2000）指出，在东亚地区，由于相关法律不是很健全，法律对中小股东产权的保护较弱，许多公司中所有权和控制权严重分离，控股股东获得的控制权收益相比所有权收益大大超出。公司两权分离引发了新的委托代理问题，对于控股股东而言，由于其获得的控制权收益远大于所有权收益，所以控股股东缺乏改善上市公司经营业绩的强烈动机。反过来，由于控股股东对上市公司具有绝对的控制权，可以利用控制权很轻易地将上市公司的利益转移给自己或者利益相关方，即所谓的“隧道挖掘”。而且，由于在东南亚地区投资者受到法律保护的程度

---

[1] Shleifer，Vishny A. Survey of Corporate Governance [J]. The Journal of Finance，1999.

很低，公司所有权和控制权两权分离而引起的代理问题变得更为明显。目前，在越来越多的国家里，公司治理问题的核心已经变成控股股东与中小股东之间的利益分割问题，而公司管理层与股东之间的委托－代理问题已经不是公司治理问题的核心。因此，控股股东通过其掌握的控制权侵占中小股东的合法权益问题已经成为一个焦点问题。

2. 控制权和所有权分离的工具

一般来说，控股权可分为绝对控股和相对控股。绝对控股是指持有绝对多数的股权，即50%以上，相对控股是指持有的股权虽不达到50%，但是在所有股东中仍是最大股东。控股权与控制权既有区别又有相似性。一般情况下，控股权是控制权的前提，获得了控股权就意味着获得了控制权。但是，两者又不是完全等同的，控股股东只需要获得相对控股权或者绝对控股权，而不需要持有公司100%的股权，就可以获得公司完全的控制权，对公司行使重大决策权。现金流权指的是股东参与企业现金流分配的权力，直接体现股东的所有权比例。因此，股东持有的所有权总是等于其现金流权的，即若某股东持有20%的股权，则其参与企业现金流分配的权利也是20%，依此类推。由此可见，控股股东只要获得相对控股或者绝对控股即可获得公司完全的控制权，但是其未必获得完全的现金流分配的权利，其获得的控制权一般而言会大于现金流权。现金流权是依据股东持有的股份而对现金流进行分配的权利，这一权力是公司章程所赋予股东的合法收益，这种通过契约进行保护的权利一般情况下不会直接受到大股东的侵占。控股股东即使通过其他手段去实现私人收益最大化，但是这种行为面临着巨大的风险，控股股东可能会因为这种行为而毁掉自己的声誉或者遭受法律诉讼。控股股东常常采取两种方式来实现其控制权私人收益最大化：一种是通过隐蔽的手段和方式来获得更多的现金流分配的权力，另一种则是通过其他途径。第一种方法总是存在很高的风险，因此控股股东通常会借助占用上市公司资金、通过关联交易进行利益输送、用上市公司为关联企业提供担保等方式来获取控制权私人收益的最大化。在那些法律体系相对薄弱的新兴市场国家或地区，中小投资者的合法权益没有受到有效的保护，公司所有权和控制权分离而导致的大股东通过其掌握的控制权而侵占中小股东权益的事件屡见不鲜。Faccio 和 Lang（2002）通过建立模型衡量了控股股东的投票权和现金流量权的分离程度，并且试图找到这种分离程度与公司价值之间的相关关系，从而证明控股股东通过控制权与所有权的分离来侵占中小股东的合法权益。我们这里重点论述金字塔结构、交叉持股和类别股份。其中金字塔结构是所有权与控制权分离最有力的工具之一。

(1) 金字塔结构。金字塔形结构是指通过类似于金字塔的结构，由处于高层塔尖的最终控制者仅仅拥有下一层企业少量股份，通过层层传递的方式达到最终实际控制最底层公司的控制结构。LLS (1999) 的研究发现，大股东在强化控制权时常常使用多层控制的金字塔形股权结构。LLS认为金字塔式的控股结构应该具备以下特征：处在顶端的上市公司的控股股东持有下一层公司的股份比例一般在10%～20%；处于最底层的上市公司处于一个终极控制者的实际控制之下；在底层的上市公司和顶端的上市公司之间存在至少一个上市公司。金字塔式的股权结构下，实际的最终控股股东不需要大量持有子公司的股权就可以实现对该子公司的控制权，子公司的现金流权和控制权出现明显的分离。

假设某个金字塔式的股权结构从顶端到底层的公司一共有k个层级，其中最顶层的控股股东持股份额为$y_1$，第二层子公司中顶端企业持股的份额为$y_2$，直到在最底层公司中持股比例为$y_n$，顶端公司的控股股东对于底层企业$y_n$的现金流权的比例应该是各阶层中持股比例的乘积，即

$$\rho=\prod_{i=1}^{k} y_1 * y_2 * y_3 * \cdots y_k$$

另外，顶层公司中的控股股东对于底层公司的控制权应该是其通过控制链获取底层子公司控制权中每个层级上控制权中的最小值，而在每个层级中的控制权实际上就等于该层级中的现金流权，即

$$\min\ (y_1,\ y_2,\ y_3,\ \cdots y_k)$$

在金字塔式的股权结构下，处于顶端的公司只需要掌握较少底层公司的股权就有可能获得该公司的最终控制权。假设a公司拥有b公司60%的股权，b公司又拥有c公司50%的股权，c公司又拥有d公司40%的股权，那么a公司间接持有d公司的股权比例为12%，而对d公司的控制权却是40%，极有可能已经成了d公司的实际控股股东。在d公司中，所有权与控制权就实现了有效的分离。在金字塔式的股权结构中，控制链越长，中间层级的公司越多，控制权与所有权分离就越明显。从这个例子中可以发现，当控制链中的中间层级足够多的时候，处于顶端的公司就可以用非常小的现金流权来控制处于底层的公司，同时也是用较小的现金流权实现对整个控制链上所有企业

的有效控制。这还仅仅是一个简单的单一控制链的例子。在现实环境中，存在许多多链条控制的复杂股权结构，此处不再赘述。金字塔式的股权结构在世界各国都得到了普遍的应用，在亚洲国家尤为明显。在东南亚的企业中，一方面通过金字塔式的股权结构实现控制权与现金流权的分离；另一方面控股股东往往会在控制链上每个层级的企业中安排家族成员作为高层管理者，从而进一步强化控制上市公司的目的。

（2）交叉持股。交叉持股是指两个或者多个公司之间进行相互投资，彼此之间持有一定比例的股份，通过这种相互持有对方公司股权并且成为对方公司股东的形式，使得公司之间彼此联系更为紧密。交叉持股的特点在于进一步削弱了所有者的权利，但是加强了控制者的权利。上市公司的实际控制者可以通过交叉持股的方式来削弱其他参股者对公司的控制权，强化自身对整个公司的控制权。交叉持股的股权结构比金字塔式的股权结构更为隐蔽，但是却可以有效地放大控制权。交叉持股的股权结构也使得上市公司的现金流权和控制权发生分离。交叉持股的股权结构下，控制者持有某个公司的股权比例等于直接持有的比例和间接持有的比例之和。控制者只要在集团的每家公司中持有的股权比例达到控股水平，就可以完全控制整个集团。

（3）双重投票权。双重投票权就是上市公司发行的股票中存在两种或者两种以上具有不同投票权利的股票。双重投票权在许多国家是允许的，如瑞典、加拿大等国允许上市公司发行具有双重投票权的股票，但是对双重投票权股票有一些限制性规定。目前，我国上市公司不允许发行双重投票权股票。

### （三）信息不对称理论

20世纪中后期开始出现了“信息不对称理论”。该理论认为，交易双方所获取的信息通常是不对称的，这种不对称性对市场运行效率和市场交易行为会有较为显著的影响。信息不对称性主要指公司内部人（大股东与管理者）相对于公司外部人（中小股东与债权人）而言掌握了更多的信息，具有显著的信息优势。这种信息不对称性常常会导致两种行为倾向，一个是进行逆向选择，一个是产生不道德行为。“逆向选择”是指在委托人和受托人确定委托代理关系之前，控股股东由于相对中小股东而言具有明显的信息优势，并且凭借这种信息优势在签订契约的时候谋取对自己更为有利的条件。譬如，控股股东夸大对自己有利的因素而隐瞒对自己不利的因素，等等。或者在公司融资过程中，内部人利用相对于外部人的信息优势来获取控制权收益。这些行为在本质上都属于事前非对称性问题，其结果是很容易导致逆向选择的行为。“不道德行为”指控股股东利用信息不对称在事后采取机会主义行为，通过这种不道德的行为最大限度地攫取控制权私人收益而无视中小股东的合法权益。这类不道德行为主要包括：过度在职消费、任人唯亲，等等。譬如，在对上市公司资金的使用方面，内部人由于拥有充分的信息进行决策，所以常常会倾向于选择一些有利于其自身利益最大化而非公司利益或者中小股东利益最大化的项目，这样就达到了利用信息的不对称性来谋取控制权私人收益的目的。这些行为在本质上都属于事后非对称性问题，其结果是很容易导致不道德行为的出现，损害公司和中小股东的合法权益并且增加了代理成本。

由于公司内部人与外部人在信息方面存在明显的非对称性，这种非对称性使内部人获取控制权收益更加隐蔽，公司内部人利用信息的非对称性更加肆无忌惮地使其控制权私人收益最大化。公司中信息越是不对称，内部人越是可以轻易地获取控制权收益；相反，如果公司中的信息对称性越高，内部人活动控制权收益的难度就越大。“逆向选择”产生的根源在于事前的信息不对称，委托人采取什么措施来获取代理人的真实信息是降低这种不对称性的关键，委托人需要建立有效的甄别机制来防范这种信息不对称所带来的委托风险。“不道德行为”的根源在于事后的信息不对称，解决这个问题的关键在于对代理人进行有效的激励约束，通过激励和约束机制，最大限度地降低代理人的投机主义的行为倾向。因此，问题的根本在于采取有效的方法来提高信息的透明度和真实性，降低上市公司内部人和外部人之间这种信息不对称的程度，通过规范上市公司的信息披露来减少攫取控制权收益的行为。

## 三、有关控制权收益影响因素的研究

公司治理理论与公司财务理论的发展，促进了学者们对控制权收益影响因素的研究，这些研究既有采用规范分析方法的理论分析，又有以资本市场公开数据分析为基础的实证分析。大量国内外研究文献表明，控制权收益的影响因素主要包括宏观因素和微观因素。其中宏观因素主要包括法律制度、市场竞争、行业特性、政府监管等，微观因素主要包括公司规模、股权结构、财务杠杆、经营状况及股利政策等。

### （一）宏观因素对控制权收益影响的研究综述

国内外学者就宏观因素对控制权收益的影响研究侧重于分析法律制度环境对控制权收益的影响及行业因素对控制权收益的影响。

1. 法律制度环境因素对控制权收益影响的研究

无论是在国外，还是在国内，相关的研究均表明，法律制度环境对降低控制权收益水平具有正面的或积极的作用。LLSV（1997、1998、1999、2000a、2000b 和 2002）的系列研究结果表明，法律制度环境是影响控制权收益水平的重要因素。一个国家或地区的法律制度对外部投资者尤其是中小股东利益的保护程度越高，控制权收益水平越低；反之，一个国家或地区对外部投资者尤其是中小股东利益的保护程度较低，控股股东对中小股东的掠夺程度越高，获取的控制权收益水平也越高。LaPorta et. al.（1998，2000）研究指出，与处于普通法系的国家相比，处于民法系的国家对中小投资者的保护更为不力，控制权私人收益的水平也更高。与此类似，Nenova（2003）、Dyck 和 Zingales（2004）的实证研究表明，资本市场法律制度体系越健全，对中小股东利益的保护程度越高，控股股东对中小股东利益的侵占越低。他们的研究还发现会计标准、投资者利益法律保护、法律执行的效率、新闻传播水平和税收强制等制度因素都会对控制权私人收益水平产生影响。韩德宗和叶春华（2004）的研究结论也表明，随着我国股票市场法律制度的逐步加强和不断完善，控股股东对中小股东利益的侵占在 1998—2001 年呈逐步下降趋势。刘立燕、熊胜绪（2012）基于 2005－2007 年我国上市公司控制权转让的相关数据验证了我国各地区市场化进程、法律保护水平和上市公司控股股东超控制权收益之间的关系。实证检验的结果显示，上市公司所处环境的市场化进程、法律保护水平与超控制权收益负相关；对最终控制人的股权制衡程度越高，其所能获得的超控制权收益水平越低。据此他们指出，改善上市公司的治理环境，进一步提高我国各地区的市场化水平，完善法制化水平，以及建立对最终控制人的股权制衡机制，对抑制控制性股东侵害具有重要意义。

2. 行业因素对控制权私有收益影响的研究

在国外，大多学者认为控制权收益水平与企业所处的行业密不可分。Demsetz（1985）利用美国资本市场的公开数据分析了行业特征对控制权收益的影响效应。他的研究表明，与新兴的服务行业相比，传统行业由于资产固化程度较高，进而增加了内部人转移这些资产的难度，因此控股股东获取的控制权私有收益水平较低。后来，Nickell、Nicolitsas 和 Dryden（1997）的实证研究表明，公司控制权和行业竞争程度具有相互替代的作用，即公司所处的行业竞争越激烈，控股股东获取的控制权收益越小。Dyck 和 Zingales（2004）采用跨国样本对控制权收益进行了实证研究，其研究发现，控制权收益具有明显的行业特征，相对于制造业，批发业、金融业、运输业及公共服务业具有更高的控制权溢价；研究还发现，产品市场竞争程度越高的国家，控制权收益水平越低。

在我国，关于行业特征对控制权收益水平影响的研究并不多。林朝南、刘星和郝颖（2006）首次较深入地研究了我国上市公司控制权收益水平与行业的关系。他们的研究发现，我国上市公司的控制权收益存在较大的差异且具有明显的行业特征，即控制权收益水平与固定资产比重显著负相关，而与行业垄断程度显著正相关。

### （二）微观因素对控制权私有收益影响的研究

就微观因素对控制权收益的影响，国内外学者从公司规模、财务杠杆、盈利状况、股权转让比例等许多方面进行了研究，得出的结论也不完全一致。

1. 公司规模对控制权私有收益的影响研究

(1) 控制权收益水平同公司规模大小具有正向关系的研究。Barclay 和 Holdemess（1989）认为，与小公司相比，大公司更能给控股股东带来大量的货币性收益或非货币性收益，因此，控制权私有收益与企业规模应呈正相关关系，他们的实证结果验证了这一预期。Nicodano 和 Sembenelli（2004）的研究结果也证明了控制权私有收益与公司规模呈显著的正相关关系。我国学者周世成（2008）以我国 1997—2006 年发生控制权转移的上市公司为研究样本进行了实证研究，结果同样表明公司规模与控制权私有收益之间确实存在正相关关系。

(2) 控制权收益水平与公司规模大小具有负向关系的研究。与前述学者的研究结论不同，还有一些学者的实证检验发现，公司规模越大，控制权收益水平越低。Doidge（2004）分别用高、低投票权股份的总市值度量公司规模，实证研究表明公司规模越大，控制权溢价越低，即公司规模与控制权收益存在负相关关系。国内学者唐宗明和蒋位（2002）、邓建平和曾勇（2004）、韩德宗和叶春华（2004）唐宗明、余颖和俞乐（2005）、姚先国和汪讳（2005）及郭义辉、黄国良（2008）也得出同样的结果，即上市公司规模与控制权收益之间存在显著负相关关系。陈安珩（2011）采用分位数回归的方法对我国2006—2010年所有上市公司的2125个有效样本进行的实证分析表明，控制权收益水平与公司规模呈凸的负相关非线性关系。

2. 财务杠杆对控制权收益的影响研究

目前，国内外关于财务杠杆对控制权收益影响的研究主要有两种不同的结论：一种研究发现，财务杠杆与控制权收益具有明显的相关性（正相关或负相关）；另一种研究发现，财务杠杆与控制权收益之间不存在必然的相关性。

（1）财务杠杆与控制权收益具有明显相关性的研究。Barclay 和 Holdemess（1989）、Stulz（1999）指出财务杠杆效应能够放大公司控制的资产规模，导致控制权收益的增加，即控制权收益与公司负债水平显著正相关。我国学者周世成（2008）的实证检验也发现财务杠杆与控制权收益是正相关的关系。但 Harris 和 Raviv（1988，1991），Claessens、Djankov、Fan 和 Lang（2002）基于债务控制视角，认为公司债务到期还本付息的硬约束会大大降低控股股东对控制权收益的攫取。Nicodano 和 Sembenelli（2004）指出目标公司的负债水平越高，控股股东使用现金流越困难，攫取控制权收益的可能性越小。余明桂与夏新平（2006）的实证结果也证明了控制权收益与财务杠杆呈显著负相关。

（2）财务杠杆与控制权私有关系不确定的研究。Barclay 和 Holdemess（1989）指出，公司债务一方面能够增加控制权收益，另一方面到期还本付息的硬约束会降低控股股东对控制权收益的攫取，因此他们认为控股股东攫取的控制权收益水平与公司债务水平之间存在一定的不确定性。Igor Filatotchev 和 Tomasz Mickiewicz（2003）在分析债务融资对控股股东利益侵占决策的影响时，发现债务融资对控股股东攫取的控制权收益的约束作用十分有限。唐宗明和蒋位（2002）、邓建平和曾勇（2004）认为，由于我国公司负债的硬约束程度不高，资产负债率与公司控制权收益之间不存在显著的关联关系。

3. 盈利状况对控制权收益的影响研究

（1）控制权收益水平同影响状况具有正相关关系的研究。Holdemess

(1989) 指出，企业主要依靠债务融资和股权融资两种途径获取总资产增加所需要的资金，因此他们提出“控制权收益与企业的净资产收益率显著正相关”的假设，随后的实证结果验证了这一假设。Stulz (1999) 和 Coffee (2001) 的研究结果表明：控股股东攫取的控制权收益的大小与企业未来的盈利状况密切相关。施东阵 (2003)指出公司盈利状况对控制权价值具有正向影响。李延喜、郑春艳 (2007) 采用大小宗股权交易差异法研究我国上市公司控股权交易溢价及其影响因素时，发现上市公司的净资产收益率越高，控股股东获取的控制权收益越大。

(2) 控制权收益水平同盈利状况具有负相关关系的研究。赵昌文、蒲自立和杨安华 (2004) 以我国控制权发生转移的上市公司作为研究样本，实证结果表明控制权收益与公司的净资产收益率呈显著负相关关系。韩德宗和叶春华 (2004)、齐伟山和欧阳令南 (2004) 认为，如果转让公司的经营业绩不佳，控股股东就可以以此掩饰对中小股东利益的侵占，更隐蔽地获取较高的控制权收益。唐宗明、余颖和俞乐 (2005) 的研究得出了控制权收益水平与净资产收益率呈负相关的结论。陈安珩 (2011) 的研究发现，控制权收益水平与公司即期与远期的盈利能力都呈负相关关系。

4. 其他因素对控制权收益影响的研究

Shleifer 和 Vishny (1997) 认为产品市场的潜在竞争将会减少可供转移的租金，从而降低控制权私有收益水平，Dyck 和 Zingales (2004) 发现产品市场竞争程度每增加一个标准差，控制权价值下降 5.5%，报纸发行量每增加一个标准差，控制权价值下降 5.8%。此外，Pagpno 和 Volpin (2000)、Dyck 和 Zingales (2004) 从雇员的视角，Coffee (2001)、Dyck 和 Zingales (2004) 从道德约束的视角，Stulz 和 Williamson (2001) 从文化的视角研究了它们与控制权收益之间的关系。

LLSV (2002) 通过对 27 个国家的 539 个上市公司样本进行分析后发现，企业的融资结构对控制权收益有较为明显的影响。Claessens 等 (2002) 及 Djankov、Fan 和 Lang (2002) 的实证研究显示，公司控制权与现金流权分离程度越高，控股股东对中小股东实施利益侵占的动机越强烈，侵害程度越严重。张样建 (2004) 研究表明金字塔式控股结构和交叉持股是大股东实现控制权与现金流权分离的两种重要方式，控制权与现金流权分离程度越高，大股东实施掠夺行为的动机越强。

齐伟山和欧阳令南（2004）对我国上市公司控制权收益水平的实证研究表明，我国的控制权溢价水平高于美国、加拿大等发达国家，低于巴西、阿根廷等国家，但仍处于较高的水平，我国上市公司控股股东的持股水平与控制权收益成正比关系。

唐宗明、余颖和俞乐（2005）研究了控制权收益水平与股份转让比例、公司规模、公司净资产收益率、公司现金比例及流通股数的关系，发现控制权收益水平与股份转让比例正相关，与公司的现金比例、流通股股数等其他因素均呈负相关关系。

刘佳刚（2006）基于边际理论分析、博弈理论分析、数学微分理论分析、产权经济学分析、制度经济学分析、实证分析、规范分析和法理分析等方法对公司控制权收益问题进行的研究得出结论，在其他条件相同情况下，公司残缺产权度与公司控制权收益成正相关，公司契约非对称性程度与公司控制权收益成正相关，信息非对称性程度与公司控制权收益成正相关，监督收益共享程度与公司控制权收益成正相关。

邓德强（2007）以 1999—2003 年在沪深两地证券市场所发生的 58 项涉及民营企业“买壳上市”行为并涉及控制权转移的大宗股权交易为研究样本，分析了我国民营上市公司的现金流权、控制权、两权分离率等因素对控制权私人收益的影响。研究发现，我国民营上市公司大股东控制权私人收益平均为 0.0947，攫取控制权私人收益的总体水平呈现出升高的态势，虽然他们在攫取个人私利方面存在较大的个体差异，但总体而言，现金流权比例与控制权私人收益正相关；控制权比例与控制权私人收益显著正相关；两权分离率与控制权私人收益负相关；金字塔层级数、控制股东参与管理、财务杠杆及控股股东掌握的现金流均与控制权私人收益正相关；公司规模与控制权私人收益显著负相关。

马蓄、徐向艺（2007）通过对我国上市公司控制权收益的影响因素进行多变量线性回归，发现资本市场上流通股比例越高，其他股东对控股股东的制衡和约束作用越大，控股股东攫取的控制权私有收益越小。

杨淑娥、王映美（2008）通过实证研究了股权特征和董事会特征对控制权收益的影响。结果表明股权制衡度越小、董事会独立性越低，越容易引发控股股东的“掏空”行为，控制权私有收益水平越高。

陈亚楠、丁九如和申丽静（2008）从股权结构角度研究了控制权收益的影响因素，得出结论：股权集中度、控股股东对公司的控制力与控制权私有收益显著正相关，而股权制衡度与控制权私有收益显著负相关。

梅骏（2010）从我国上市公司的股权结构入手分析控制权收益的形成机制和影响因素，并选取2003—2007年我国A股市场发生的825宗股权协议转让事件为研究对象，以非流通股股权转让为基础，计算得出了我国上市公司控制权收益平均为1.57%，其中控制权转移样本公司的控制权收益平均为3.60%。同时，通过建立模型分析控制权私有收益的影响因素及股权结构与私有收益之间的关系，得出结论：公司规模、第二至第五大股东持股比例之和、流通股比例与控制权私有收益均呈显著负相关，而资产负债率、转让股权比例、第一大股东持股比例、控股股东控制力、股权制衡度、股权离散度与控制权私有收益均呈显著正相关。

刘立燕、熊胜绪（2011）对2005—2007年发生控制权转移的沪深上市公司的实证研究发现，上市公司金字塔结构控制层级与控股股东超控制权收益显著正相关，并且非国有最终控制人利用金字塔结构实施侵害的动机更明确；无论是国有还是非国有最终控制人，其他独立大股东的存在能够有效抑制控股股东攫取超控制权收益的水平。另外，他们还发现法律保护水平与超控制权收益负相关。研究表明，最终控制人的控制链条越长，其获取的超控制权收益水平越高，而较好的法律保护水平能够抑制其超控制权收益的水平。他们在对2005—2007年深圳证券交易所发生控制权转让的上市公司的实证研究显示，控股股东的超控制权收益水平与上市公司股权转让期间信息披露质量的平均水平显著负相关，对最终控制人的股权制衡情况与超控制权收益显著正相关。研究表明，加强对上市公司控制权转让期间的信息披露的监管，以及构造对最终控制人进行股权制衡的结构，可以显著降低控股股东侵害中小投资者而获得的超控制权收益的水平。

陈安珩（2011）采用分位数回归的方法对我国2006—2010年所有上市公司的2125个有效样本进行的实证分析表明，控制权收益水平与股权集中度呈凸的负相关非线性关系。

邓德强（2011）在对大股东类型做出界定的基础上，通过构建“大股东类型—实际控制权配置模式—控制权私人收益”分析框架，分析了大股东类型与大股东控制权收益的关系，并选取了我国上市公司发生231项涉及控制权转移的大宗股权转让交易为研究样本，实证考察我国上市公司的大股东类型与大股东控制权收益的关系。实证结果表明：国有资产管理机构攫取的控制权收益显著为负；国有企业攫取的控制权私人收益近似为零；民营企业攫取的控制权收益显著为正；国有资产管理机构攫取的控制权私人收益最小，国有企业居中，而民营企业最大。

杨传柱（2011）对我国民营控股上市公司超控制权私人收益的实证研究发现，超控制权私人收益产生的主要根源在于：第一，大股东通过公司控制权的配置以达到获取控制权私人收益的能力；第二，公司治理机制没有起到制衡大股东的作用。研究结果还表明，企业规模和股权集中度与超控制权私人收益存在负相关关系，资产负债率、净资产收益率、股权转让比例、金字塔结构和两权分离率与超控制权私人收益存在负相关关系。

马妍研（2011）设计了能够反映股权结构、董事会特征的参考指标，选择 2005— 2010 年发生实际控制权转移的公司为样本，对其影响因素予以实证检验，研究结果表明，2005—2010 年我国控制权私有收益价值水平约为 15.97%，略高于世界各国平均价值水平；从股权结构视角，控制权收益价值水平与第一大股东持股比例及第一、第二大股东持股比例之比呈正向相关，其中后者的影响不显著，且与第二至第十大股东持股比例之比呈显著负向相关；从董事会特征视角，控制权收益价值与董事会规模及独立董事比例呈负向相关，其中后者的影响不显著，且与董事长是否兼任 CEO 一职呈显著正向相关。

卢兰兰（2012）从公司治理理论重点的转变出发，立足于我国上市公司特有的股权结构安排和控制权结构特征，首先从理论角度分析了股权结构对控制权私有收益的影响，然后以 2006—2010 年我国 A 股市场上市公司转让事件为样本，从实证角度对控制权私有收益的水平进行度量，结果显示我国上市公司控制权私有收益水平为 32.4%，与墨西哥水平相近，低于巴西等南美国家，高于美国、英国等发达国家，这表明我国资本市场体制不健全，监管水平有待进一步提高。同时，实证结果还显示股权性质、股权集中度和股权制衡度对控制权私有收益都有显著影响。

陈济（2014）以我国 2010—2013 年流通股的控制权转移事件为研究样本，采用交易公告后的公开市场价格作为共享价值，对我国上市公司控制权收益的影响因素进行研究。研究发现，控制权收益与股权制衡、政治关联正相关，与交易规模、盈利能力、独立董事规模负相关。

刘晓梦（2014）以 2010—2012 年沪深两市发生股权转让交易的上市公司为样本，以第一大股东是否发生变更作为衡量控制权转移的标准，以控制权私人收益为被解释变量，以公司治理结构（股权集中度、股权制衡度）、公司特征信息（公司规模、每股收益和资产负债率）和媒体信息披露（媒体披露）作为信息透明度的衡量指标和解释变量，以流动比率、审计意见、总资产周转率、净利润增长率和独立董事比例作为控制变量，分析信息透明度对控制权私人收益的影响。其研究结果发现，信息透明度与控制权私人收益负相关，信息透明度的提高可以有效地抑制控股股东攫取控制权私人收益。

杨志强、石本仁（2014）以 2007—2011 年我国 A 股上市公司为样本，探讨了公司高管将其私人控制权收益在同行业内比较时所产生的公平性感受对公司价值的影响，其研究发现，相对于股权分散或者存在股权制衡的公司，股权集中公司高管控制权收益绝对额及控制权收益—公司价值敏感度较高，而额外控制权收益的分布情况却与之大相径庭；国有控股公司的高管控制权收益绝对额均值最大，但额外控制权收益均值较小；而家族控股公司的高管控制权收益绝对额均值最小，但额外控制权收益均值较大。

## 四、有关控制权收益类型的研究

### （一）货币性控制权收益及来源

货币性控制权收益是指由控股股东享有的通过货币的形式所表现出来的收益。尽管世界各国对控股股东获得的货币性控制权收益都做出了详细的规定和限制，但是控制权私人收益的重要来源之一仍旧是货币性控制权收益。Johnson 等学者（2000）认为，控股股东的隧道输送行为是获取货币性控制权收益的主要途径。[1] 货币性控制权收益一般通过两种方式来实现：第一种是通过关联方交易进行利益输送，其显著特征就是通过运用其掌握的控制权使得上市公司与控股股东的关联企业进行不平等交易，从而将上市公司的利润甚至资产转移到控股股东的关联企业。第二种是摊薄其他股东收益，这种方式并不是通过直接转移公司的利润或者资产来使得控股股东获得收益，而

[1] Johnson S., La Porta, A. Shleifer. Tunneling [R]. American Economic Review Papers & Proceedings, 2000.

是通过不断稀释的方式来摊薄中小股东的收益。利益输送的手段主要包括为关联公司提供担保、低价出售公司资产、违规占用上市公司资金、非正常交易价格、支付过高的管理层报酬等；而摊薄其他股东的收益则主要是通过内幕交易、增发股票等手段来实现。笔者将对关联方交易和内幕交易这两种最为常见的获取货币性控制权收益的手段进行解释说明。

1. 关联方交易

关联方交易是指在关联方之间发生转移资源、劳务或义务的事项，而不论是否收取价款。根据我国《企业会计准则第 36 号—关联方披露》中的相关规定，一方控制、共同控制另一方或对另一方施加重大影响，以及两方或两方以上同受一方控制、共同控制或重大影响的，构成关联方。[1] 通常情况下，下列各方可构成企业的关联方：①该企业的母公司；②该企业的子公司；③与该企业受同一母公司控制的其他企业；④对该企业实施共同控制的投资方；⑤对该企业施加重大影响的投资方；⑥该企业的合营企业；⑦该企业的联营企业；⑧该企业的主要投资者个人及与其关系密切的家庭成员。主要投资者个人，是指能够控制、共同控制一个企业或者对一个企业施加重大影响的个人投资者。⑨该企业或其母公司的关键管理人员及与其关系密切的家庭成员。关键管理人员，是指有权力并负责计划、指挥和控制企业活动的人员；与主要投资者个人或关键管理人员关系密切的家庭成员，是指在处理与企业的交易时可能影响该个人或受该个人影响的家庭成员。⑩该企业主要投资者个人、关键管理人员或与其关系密切的家庭成员控制、共同控制或施加重大影响的其他企业。一般情况下，可以认定为关联交易的情形主要包括：①从关联企业购买或者向关联企业销售非商品的各类资产；②从关联企业购买或者向关联企业销售商品；③与关联企业之间建立代理关系；④向关联企业提供或接受关联企业劳务服务；⑤向关联企业提供或者从关联企业获得资金；⑥为关联企业提供或者接受关联企业的担保和抵押；⑦与关联企业之间发生租赁关系；⑧与关联企业间签订许可协议等；⑨与关联企业之间签订管理方面的合同；⑩向关联企业转移或者接受关联企业的研究与开发项目；⑪代表企业或由企业代表另一方进行债务结算；⑫确定和支付关键管理人员的报酬。

Kohlbeck Mark 和 Brain Mayhew（2004）对关联方交易的研究发现，关

[1] 中华人民共和国财政部．企业会计准则第 36 号——关联方披露［Z］．2006.

联方交易通常会给 CEO 带来超常回报。[1] Jian 和 Wong（2004）选取了 131 家上市公司作为研究样本，发现上市公司通常会运用关联方交易来对公司盈余进行再分配，控股股东常常利用关联借贷来侵占公司利润，从而损害了公司价值。高洁与谭加劲（2006）研究关联交易发现，控股股东选派董事的比例与独立董事的比例呈负相关；控股股东选派董事比例越高，非公允关联交易越容易产生；上市公司的股权集中度越高，控股股东利用关联交易侵占中小股东合法权益的行为就越容易发生；在对中小股东权益保护较弱的法律环境中，控股股东利用关联交易侵占中小股东合法权益的成本越低，关联交易越容易产生并且危害程度越深。郑国坚（2007）通过对 576 家上市公司的实证研究发现，关联交易程度越高，盈余管理程度越大，价值相关性也越低。

关联方交易并不是控股股东获得控制权收益的充分条件。当关联方交易的价格严重背离了市场中公允的价格标准时，控股股东就可以利用关联方交易的方式来侵占中小股东的利益，从而达到实现控制权收益的目的。

2. 内幕交易

内幕交易是指内幕交易行为人为达到获利或规避损失的目的，利用其特殊地位或机会获取内幕信息，违反法律、法规的规定，泄露内幕信息，根据内幕信息买卖证券或者向他人提出买卖证券建议的行为。内幕交易行为违反了证券市场“公开、公平、公正”的原则，侵犯了投资公众的平等知情权和财产权益。通常而言，内幕信息必须同时满足两个基本前提：第一，内幕信息是未经披露的信息，即投资者无法通过合法途径获得或者交易前投资者无法获得的信息。也就是说，交易人在交易决策时所依据的信息是没有通过交易监管机构制定的信息披露渠道或者媒体上进行披露的信息。第二，该信息的披露会对市场中的交易价格发生重大影响，即信息一经披露将引起市场中交易价格的重大波动。内幕交易中的一个重要角色就是内幕人员，内幕人员主要是指交易主体中的内部人及内幕交易信息的知情人。内部人主要是指在交易主体中任职或者具有重大决策权的主体，主要包括公司董事、经理和控股股东；知情人主要是指知悉内幕交易重要信息的相关主体，主要包括与交易主体的公司或者证券公司关系密切并且能够从他们那里获得内幕信息的外

---

[1] KOHLBECK M., MAYHEW B.. Agency Costs, Contracting, and Related Party Transactions [J]. Working Paper, 2004.

部律师、会计师、投行人员及其他的知情者等。公司的控股股东对公司往往拥有绝对的控制权，他们会直接参与或者间接参与公司的经营和重大决策，因此他们往往掌握了公司大量的重要内幕信息，这为他们通过内幕交易来获得控制权收益提供了前提条件，也为他们通过内幕交易侵占中小股东的利益提供了便利。控股股东利用内幕交易而获得的利润一般情况下刚好等于其对中小股东利益的侵占。

Leland（1992）基于理性预期模型的研究认为，内幕交易将导致股票价格提升和股票波动幅度的增加。Repullo（1999）将 Leland 的模型进一步深化，认为当内幕交易中存在多个内部人并且他们是风险厌恶的，那么内幕交易会导致股票价格上升和股票波动加剧。史永东、蒋贤锋（2003）通过研究认为，如果造成交易产生的不确定性可以忽略时，内幕交易对股票的平均价格本身没有太大影响，但是会导致股票价格的波动性增加。[1] Bhattacharya 和 Daouk（2002）则认为，内幕交易遭到起诉会导致股票价格的上升和股权成本的下降，间接证明了股票价格会由于内幕交易而下跌。[2] Du 和 Wei（2003）通过研究发现，内幕交易确实增加了股票价格的波动性。

### （二）非货币性控制权收益及来源

非货币性控制权收益是指无法用货币来衡量的控制权收益，主要表现为拥有公司控制权而带来的成就感、满足感、荣誉感、个人声誉和威望等无形的收益，这种收益也可以称为“享乐潜力”，或者获取一个公司控制权所带来的心理效用。Holmen 和 Hogfeldt（2004）认为，家族成员可以通过控制一个声誉良好的企业来获得较高的社会声誉，可以利用对企业的控制权安排家族成员在组织中担任重要职务。[3] 非货币性控制权收益较为抽象和隐蔽，因此不易进行定量化的测量。

现有关于控制权私人收益的文献大部分以货币性控制权收益作为主要的衡量标准，在衡量非货币性控制权收益的时候经常使用其他替代变量。非货

---

[1] 史永东，蒋贤锋．指令驱动机制下内幕交易对二级市场的影响［D］．大连：东北财经大学，2004．

[2] Bhattacharya Utpal and Hazem Daouk *The World Price of Insider Trading* [J]. Journal of Finance, 2002 (57): 75—108.

[3] Holmen M., P. Hogfeldt. *A law and finance analysis of initial public offerings* [J]. Journal of Financial Intermediation, 2004 (13): 324—358.

币性控制权收益主要表现为两种形式：第一种是控制权的所有者获取各种超标的享受，如购置豪华的办公设备，超标准公款消费等；第二种是控制权的所有者获取良好的社会声誉，如获得较高的声誉和威望，安排家族成员或者利益相关者担任公司中的重要职务。控制权所有者取得的超标的享受是较为具体的物质条件，可以较为容易地转移给第三方，而较高的声誉和威望是一种抽象的东西，是经过长期积累并且与个人是不可分割的，因此一般不能转移给第三方。

## 五、控制权收益计量方法的研究

### （一）BH 模型

大部分学者认为，控制权收益大致等于控股股东侵占中小股东利益的程度，但是这种侵占是很难进行直接测量的，因此在实证研究中通常采取间接的方式来进行计量。由于获取对于公司的控制权可以通过侵占中小股东的收益而最大化私人收益，因此市场中对于控制权形成了一种定价标准。当企业中出现所有权结构发生重大改变或者出现重大的并购等可能导致企业控制权变更的情形时，市场就会对控制权进行价值评估。控制权的价值通过为了获得这种控制权而需要收购的股票的价格反映出来。在涉及控制权变更的股权交易中股票价格的变动可以反映出控制权本身的价值，也反映了控制权可以导致的控股股东对中小股东收益侵占的程度。控制权收益的计量存在多种方式，目前学术界最常使用的是控制权收益 BH 模型。

BH 模型又称“控制权溢价计量模型”，是由 Barclay 和 Holderness 于 1989 年提出的。由于控制权收益很难直接进行计量，因此 BH 模型借助控制权溢价这个指标，以间接实现对控制权收益的计量。[1] 根据 Grossman 和 Hart（1988）提出的“控制权价值的两分论”（ the dichotomy of control value），控制股东的控制权将带来两部分收益：通过提高公司价值为所有股东带来的证券收益和通过侵害中小股东谋求的私有收益。在发生涉及公司控制权变更的并购、股权结构变更等控制权转移的大宗股权交易中，买卖双方最终达成的

[1] Barclay M.，Holderness C.．Private benefits from control of public corporations [J]. Journal of Financial Economics，1989（25）：371— 395.

股票交易的最终价格可以同时反映出买卖双方对于证券收益和控制权私人收益的估价。而且，在有效的市场中，按照股票估价原理，公司股票价值是未来公司股利的折现值之和，这样目标公司的价值就可以通过未来股利现值法来加以估价。证券收益主要是通过公司股利来反映的，而股票价值又是未来公司股利的折现值之和，因此市场当中股票交易的价格其实是股票买卖双方对公司控制权收益的价值评估。因此，在涉及公司控制权变更的重大交易中，控制权私人收益应该等于交易双方最终确认的交易价格（包含双方对控制权证券收益和控制权私人收益的估价）与公司股票市场价格（控制权证券收益的估价）的差额，即BH模型中提到的“控制权溢价”。因此，控制权溢价应该等于控制权变更时的股权交易价格和市场中的股票价格间的差额。

控制权价值可以用公式 $Pex=S+I$ 表达，其中 $Pex$ 为每股控制权总价值，$S$ 为每股控制权证券收益，$I$ 为每股控制权私人收益。假设由于不同的控股股东的持股情况和控制权支配方式存在差异，因此他们作为控股股东利用控制权而获得的证券收益与私人收益也是存在差异的。在有效市场中，股票的市场价格 $Pm$ 可以看作是控制权证券收益的估值，所以通常情况下 $Pm=S$。假设在 $t_0$ 时，某上市公司内部的控股股东为 $X$，公司外部存在一个有意向获取公司控制权的潜在股东 $Y$。公司内部的控股股东 $X$ 与公司外部的潜在股东会就公司股权的转让（涉及控制权转让）经过议价之后确定一个转让的协议价格。之后，潜在股东 $Y$ 便按照双方协商好的协议价格 $Pex$ 认购控股股东 $X$ 所持有的上市公司股权数 $Eex$（上市公司总的股权数为 $E$），并且该股权数 $Eex$ 能确保潜在股东 $Y$ 在认购以后能成为上市公司的控股股东。在 $t_0$ 时，$X$ 拥有的每股控制权证券收益为 $SX$，每股控制权私人收益为 $IX$。而在并购前，潜在控制股东 $Y$ 对获得控制权后能获得的每股控制权证券收益和每股控制权私人收益预期分别为 $E(SY)$ 和 $E(IY)$。控制权转移发生的前提是控制权交易的总价是股东 $X$、$Y$ 各自妥协和折中的结果，因此可以认为一定存在 $SX+IX<Pex<E(SY)+E(IY)$。公司内部控股股东 $X$ 和外部潜在控股股东 $Y$ 各自具有一定的议价能力，两者的议价能力介于0和1之间且呈现此消彼长的特点，因此可以假设 $X$ 的议价能力为 $\lambda$，则 $Y$ 的议价能力为 $1-\lambda$，这样，$Pex=\lambda[E(SY)+E(IY)]+(1-\lambda)(SX+IX)$ —— 式（1）。

在 $t_1$ 时，通过该交易而获得上市公司控制权的控股股东 $Y$ 控制该上市公司。在新的控股股东 $Y$ 的控制下，控股股东 $Y$ 实际获得的每股控制权证券收益和每股控制权私人收益分别为 $SY$ 和 $IY$ 。假设控股股东 $Y$ 认为在收购前后控制权证券收益与控制权私人收益没有发生变化，即 $E(SY)=SX$ 且 $E(IY)=IX$ 。因此式（1）可简化为 $Pex=\lambda(SY+IY)+(1-\lambda)(SX+IX)$——式（2）。在有效市场中，在 $t_0$ 时，股票市场中上市公司每股股票的市场价格等于控制股东 $X$ 所能获得的每股控制权证券收益，即 $Pm_0=SX$；导致公司控制权发生改变的交易发生以后，即在 $t_1$ 时，股票市场中上市公司每股股票的市场价格等于新的控股股东 $Y$ 所能获得的每股控制权证券收益，即 $Pm_1=SY$。那么式（2）可以替代为 $Pex=\lambda(Pm_1+IY)+(1-\lambda)(Pm_0+IX)$——式（3）。

式（3）的含义可以看作是导致控制权转移的交易双方达成的协议价格，是他们对公司控制权证券收益与控制权私人收益的加权平均值。在极端条件下，假设交易中外部的潜在股东 $Y$ 完全不具备议价能力时，即 $\lambda=1$ 时，则式（3）可以进一步简化为 $Pex=Pm_1+IY$——式（4）。将式（4）稍作整理可以得到 $IY=Pex-Pm_1$，即新晋的控股股东 $Y$ 所获得每股控制权私人收益等于其获得控制权时所支付的每股交易价格与股票市场中每股股票的价格之差。新的控股股东 $Y$ 在交易之后持有上市公司 $Eex$ 的股权，那么该股东所获取的总控制权私人收益 $TI=Eex\times IY=Eex\times(Pex-Pm_1)$。由于不同类型的上市公司在规模上和公司价值上存在巨大差异，因此 $TI$ 的值可能存在巨大差异。所以，不同公司之间的 $TI$ 值不具有比较意义。这样，采用相对值的方法对 $TI$ 进行转化得到相对总控制权私人收益，即 $\mathrm{PBC}=\frac{\mathrm{Pex}-\mathrm{Pm_1}}{\mathrm{Pm_1}}\times\frac{\mathrm{Eex}}{\mathrm{E}}$——式（5）。其中，Eex/E 可以看作是在导致控制权转移的交易中股权交易的比重，$\frac{\mathrm{Pex}-\mathrm{Pm_1}}{\mathrm{Pm_1}}$ 可以看作是在导致控制权转移的交易中协议价格的溢价幅度。

式（5）是经典的控制权私人收益计量模型，即 BH 模型。在 BH 模型的推导过程中假设市场是完全有效的，并且在控制权交易过程中潜在的控股股东是完全不具备控制权的，这些都是为了保证模型更具操作性而提出的假设，这些假设条件的达成是有一定的局限的。因此，BH 模型只是对控制权私人收益的一种近似的估算。

### （二）投票权差异的控制权溢价模型

Lease 等学者利用“投票权差异的控制权溢价模型（LMM 模型）”来计

量公司的控制权收益。LMM 模型创新性地提出了多种投票权的“双重股权”概念。他们认为，投票权的“双重股权”是指上市公司发行了不止一种的股票，这若干种股票具有相同的现金分配权，但是在公司的决策过程中并不是具有同股同权的权力。那些对公司决策有这种大影响的股权决定着公司的控制权，从而控制着公司。LMM 模型认为，在公开市场中进行的股权交易绝大部分是零散交易，并不会对公司的控制权产生决定性的影响，因此这些交易的主体并不会因为交易而获得公司的控制权进而获得控制权所带来的控制权私人收益。因此，在公开市场中股票交易的价格仅仅体现了交易各方的现金流分配权，并不能体现公司控制权的真实价值。然而，那些能决定公司控制权是否转移的交易中的股票价值应该包括公司现金流价值和控制权本身的价值。因此，那些公开市场中零散交易的并且不会对公司控制权产生影响的股票交易价格，与那些能够决定控制权是否发生改变的股票交易价格之间的差异就是公司的控制权价值。也就是说，控制权价值是具有决定公司控制权归属的这部分股权在一般市场中获取现金流权股权的溢价部分。Lease 等学者选择了 30 家美国上市公司在 1940—1978 年的数据进行研究，这些公司在此期间都存在不止一种类型的可用于公开交易的股票。目标公司不同类型的股票的现金流权完全相同，只是在投票权上存在差异。这些公司主要有三种类型：第一类公司发行了两种普通股，这两种普通股中不存在优先股，其中一种普通股仅仅只有现金流权，完全不参与公司的经营管理及重要成员的选择；第二类公司也发行了两种普通股，这两种普通股中也不存在优先股，这两种普通股都有参与公司决策投票的权力，但是其中一种股票的权重大于另外一种；第三类公司发行两种普通股和一种优先股，两种普通股具有同等参与公司决策的投票权。通过对样本公司的数据分析发现，在前两类公司中那些具有较大投票权权重或完全投票权的普通股平均溢价是 5.44%。虽然不同类型的普通股的投票权存在差异，但是这些普通股的现金流权都是相同的，因此那些具有完全投票权或者加大投票权权重的普通股所表现出的高溢价证明了上市公司中控制权本身是存在价值的，而且控制权所带来的控制权收益也是真实存在的。Levy（1982）利用与 LMM 模型类似的方法对 1981 年上半年 25 家在以色列证券市场上市的公司及其具有较大投票权的普通股溢价进行了实证研究。研究得到了几乎相同的结果，即这些公司中这两种普通股的现金流权都是相同的，投票权较大的普通股的平均溢价高达 50%左右，其中一些公司具有较大投票权的普通股溢价甚至高达 100%。Levy 同时还发现普通股投票权之间的差异与这些股票的投票权溢价之间正相关。Rydqvist、Zingalas 和 Nenova 等人对瑞典、丹麦、意大利、墨西哥等国的上市公司也进行过类似的研究，都得到了相似的结论。

在我国目前的证券市场中，上市公司发行的股票必须是同股同权的，普通股之间没有投票权的差异。因此，在我国希望通过控制权溢价的计量方法来计量上市公司控制权私人收益并不具备可操作性。

### （三）ST 前后累积超额收益模型

Bai 等学者针对中国证券市场的特点提出了控制权收益的“ST 前后累积超额收益模型”。所谓累积超额收益，是指每只股票在形成期内月超额收益率的简单加总。在我国证券市场中，许多企业的控制权转移都是在上市公司在证券市场中被 ST 之后发生的，因此 ST 前后公司价值的变化及累积超额收益从某种程度上可以代表控制权收益。

在我国，由于上市公司的审批流程十分烦琐，上市公司的资格因此成为一种稀缺资源。当某家上市公司因为经营状况不佳被强制 ST 之后，控股股东为了保留住上市公司这个稀缺的壳会寻求各种途径来改善财务状况，控股股东的各种市场操作必然会引起公司股价的波动。Bai 等学者对 1998—1999 年在我国证券市场中被 ST 公司的股价进行了跟踪研究，发现这些公司在被 ST 前后的两年内的平均超额累积收益率接近 30%。而且，这些被 ST 的公司中控股股东持有的股份越多，公司的控制权价值越高。刘睿智、王向阳（2003）使用该方法计算出我国上市公司的控制权私人收益超过 50%。

这些研究表明，在我国这些被 ST 的上市公司中，在控制权发生变更的交易中，控股股东利用控制权侵占中小股东利益的现象非常严重。

### （四）控制权交易价格和小额股权交易价格的差额模型

Hanouna 和 Shapiro（2002）提出了控制权交易价格和小额股权交易价格的差额模型。该模型使用控制权交易价格和小额股权交易价格之间的价格差异评估控制权收益。Hanouna 和 Shapiro 对 1986—2000 年发生在 7 个国家的 9566 件涉及控制权转移的案例进行的跟踪分析结果发现，在涉及控制权转移的公司中，股权成交价格高出公开市场中小额股权交易价格约20%左右。[1]国内也有一部分学者使用相似的方法研究我国上市公司的控制权私人收益。朱峰、曾五一（2002）认为，在上市公司股权交易中，涉及控制权转移的股权交易成交价格的平均溢价水平明显高于不影响控制权转移的普通股交易成交价格的平均溢价水平。施东晖（2003）运用该方法对我国上市公司进行研究发现，我国上市公司的控制权价值比国际上的平均水平略高，其来源主要在于控股股东的隧道挖掘行为及上市公司壳资源的价值。邓建平、曾勇（2004）也发现，在涉及控制权转移的股权转让中达成交易的价格显著高于一般性股权交易中达成交易的价格，这种显著的差异证明了我国上市公司中普遍存在的控制权私人收益现象。

## 第四节　控制权收益与公司绩效关系文献综述

### 一、公司绩效评价文献综述

企业绩效评价是指运用数理统计和运筹学原理及特定的指标体系，对照统一的标准，按照一定的程序，通过定量、定性对比分析，对企业一定经营期间的经营效益和经营者业绩做出客观、公正和准确的综合评判。企业绩效评估最早出现在19世纪末期。随着公司治理结构的发展及所有权与经营权两权分离的出现，公司所有者更加关注委托代理中的效率和效益问题，因此所有者为了更好地监督经营者的各项行为及其结果，提出对公司经营的绩效进行评估。企业绩效评估产生至今，在理论和实践方面都取得了巨大的成就。这期间在企业绩效评估领域产生了如财务业绩评价模型、经营业绩评价模型、托宾Q值评价模型等经典理论。企业绩效评估在降低代理成本、提高公司绩效和提升公司价值方面也发挥着重大的作用。

随着生产力的不断发展和社会、经济、政治、文化等各方面的环境在不断变化，企业绩效评价的指标和评价方式也在动态中不断变化和修正。不同

[1] Hanouna P. A. Shapiro A. S., Value of corporate control; some internationalevidences [M]. WorkingPaper MarshallSchool, 2002.

的历史时期和生产力水平需要有不同的评价指标和评价方式与之相适应，这样才能真实地反映出企业经营的效率和效果。下面主要介绍自绩效评估产生以来的几种主流的绩效评价模型。

### （一）财务业绩综合评价模型——杜邦财务分析体系和沃尔评分法

20世纪初期，随着生产力水平的飞速发展，企业规模也在迅速扩大，越来越多的企业开始发展成为从事多种经营的综合性企业，这就要求与之相适应的绩效评价体系。这一时期企业财务业绩综合评价指标体系成为评价企业经营绩效的主要方法，其中最为典型的两种评价体系分别是沃尔评分法和杜邦财务分析体系。

杜邦财务分析体系最早是由美国杜邦公司创立的。它是一种借助于评价公司赢利能力和股东权益回报水平，从财务角度评价企业绩效的一种经典方法。在该体系中，杜邦公司根据企业在经营过程中的实际需要设定了一系列关键的经营和预算指标，并利用各主要财务比率指标间的内在有机联系，将这些关键指标进行层层分解，以深入分析评价企业的财务状况和经营业绩。在所有这些关键指标中，净资产报酬率（ROE）被认为是最重要的财务指标。投资报酬是指通过投资而应返回的价值，是企业从一项投资性商业活动的投资中得到的经济回报。净资产报酬率是衡量所有者投资报酬高低的一个相对指标，其简单计算公式为：净资产报酬率＝净利润/平均净资产（投资额）。该指标可分解为总资产报酬率（ROA）与权益乘数的成绩，而总资产报酬率还可以进一步分解为销售净利率与总资产周转率的乘积。净资产报酬率为企业评估其经营绩效提供了参考依据，也是所有财务指标中最典型、最综合的一项指标。通过杜邦财务分析体系自上而下的分析，不仅可以揭示出企业各项财务指标间的结构关系，查明影响各项主要指标变动的因素，而且为决策者优化经营理财状况、提高企业经济效益提供思路。但需要注意的是，杜邦财务分析体系的指标设计也具有一定的局限性，它更偏重于从企业所有者的利益角度进行分析。从杜邦指标体系来看，在其他因素不变的情况下，资产负债率越高，资产收益率就越高。这是因为负债利用越多，利用财务杠杆作用的效果就越大，但是没有考虑财务风险的因素，负债越多，财务风险越大，偿债压力也越大。因此，具体应用时，还要结合其他指标进行综合分析。

沃尔评分法是由美国会计学家亚历山大·沃尔提出的一种评价企业综合

财务状况的方法。1928 年，亚历山大·沃尔在其出版的《信用晴雨表研究》和《财务报表比率分析》两本著作中采用评分方法对企业的信用状况进行综合评价，并提出了信用能力指数的概念。其基本思路是，在选定的财务比率之间建立线性的关系，分别给各个财务比率分配权重，通过将选定的财务比率与标准比率进行对比，确定每个财务比率的单项得分并计算出总体指标的累计得分，通过总体指标的得分高低对企业的信用水平进行评估。在评价过程中，他选择了七种财务比率，分别是产权比率、应收账款周转率、固定资产比率、流动比率、存货周转率、自有资金周转率和固定资产周转率，并且给以上这些财务比率分配权重，然后将公司的这七个财务比率与标准比率（以行业平均数为基础）进行比较，得到的相对比率再乘以该比率的权重，从而得到最后的总评分，以此来评价企业的信用状况。沃尔评分法综合了多项财务指标，具有较强的代表性，而且该方法操作起来较为简单易行。但是，沃尔评分法也有两个明显的缺陷：一是沃尔评分法尚未在理论上得到严格的证明，无法有效说明选择上文中提到的 7 个财务指标及分配这些指标权重的合理性；二是当某项指标严重异常时，会对总评分产生不合逻辑的重大影响。尽管如此，该方法在公司绩效评估的实际操作中仍被广泛应用，也在这种应用实践中得到了不断发展和完善，是对企业进行财务综合分析的一种重要方法。

### （二）基于战略的经营业绩评价——平衡积分卡模型

20 世纪末，随着全球经济一体化的进一步加深和信息技术深刻变革而导致的知识经济时代的到来，企业所面临的传统经营环境和经营方式都发生了根本性的变革，绝大部分的企业都面临来自全球市场的竞争，包括电子商务和移动互联网的冲击。新的经济环境中的企业要实现企业的经营战略，必须牢牢建立和维持自身的核心竞争力。因此，在衡量一个企业经营业绩水平高低的时候，应该对决定企业战略经营成败的关键要素进行评价。经营业绩评价模型能够较为全面地对这些关键要素进行评估，该模型的一个重要特点就是那些对企业经营战略具有重要影响力的非财务指标和人力资本的评价越来越突出。

卡普兰（Robert S. Kaplan）和诺顿（David P. Norton）提出的平衡记分卡（Balance Score Card，BSC）模型可以看作是业绩评价指标体系发展的重要里程碑。平衡记分卡模型是由卡普兰和诺顿（David P. Norton）对 12 家在业绩评价方面处于领先地位的美国企业进行为期一年的研究之后，于 1992 年提出的。它是一种将组织的战略转化成清晰的目标、战略、对象和动因的系统性业绩评价方法。它贯穿于财务、客户、内部经营和员工能力 4 个完整且相互联系的方面。BSC 是对企业业绩评价实践的提炼和升华，是一种基于战略的全面业绩评价体系。BSC 的指标反映了 4 种衡量观点的平衡：①利益相关者和客户使用的外部财务指标；②客户指标；③内部业务流程指标；④学习和成长指标。

1. 外部财务指标

公司股东最容易观测的指标就是外部财务指标。外部财务指标由于其具体性和易获性被经营者和所有者广泛应用于公司经营业绩评价。外部财务指标主要用于确定企业的目标和战略对其财务业绩的提高是否有影响，以及影响的程度大小。这类指标通常与获利能力联系在一起，对内外部利益相关者非常关键。一般来说，财务方面的指标应能够概括地衡量企业的战略和经营策略，直接与长期目标相联结，并提供业绩的综合计量。外部财务指标主要包括三大类，即盈利能力、营运能力和偿债能力。公司的盈利能力主要体现在其会计、经济、市场等指标；营运能力主要体现在其资产周转率、存货周转率、应收账款周转率等指标；偿债能力主要体现在其流动比率、速动比率、资产负债率等指标。财务指标的评估应该同时兼顾两个方面，一方面是公司已经取得的绩效，另一方面是公司未来可能达成的绩效。

2. 客户指标

客户指标主要用于评价业务部门在目标客户和市场上的业绩，应能反映企业在其目标范围内用以吸引和保持客户份额的企业价值观念属性，如产品和服务属性、客户关系、形象和声誉等。客户方面的绩效指标较为抽象，一般表现为通过经营者各种经营行为的努力，提高了有关客户方面的业绩或建立可预期的良好客户关系。客户指标通常使用客户产出指标。客户产出方面的绩效指标主要包括顾客满意度、顾客保持度、新顾客的获得、顾客对产品市场的反应时间、顾客的投诉次数、产品退货率、产品的市场占有率、产品销售量增长率和客户利润贡献率等。

3. 内部业务流程指标

随着企业对战略管理的关注，企业业务流程也是企业培养和维持其核心竞争力的重要来源。而且，现代企业的利润产生不仅仅局限于企业内部业务流程的改进，这种业务流程应该推广到与公司经营相关的整个价值链，即还包括供应商及客户。因此，内部业务流程指标关注提高客户价值、降低成本和改善财务业绩的流程，主要用于评价流程的质量、时间和效率，包括长期创新和短期经营两个方面的目标和评价。这与内部业务流程的创新过程及经营过程和售后服务过程是分别相对应的。创新过程包括两个要素：一是在满足现有顾客目前及潜在需要的基础上，发现和培育新市场、新顾客；二是着手设计和开发新产品（或服务），使其打入市场，满足顾客的新需求。它表现为价值创造的“长波”，其业绩评价指标主要包括损益平衡时间、新产品开发时间、新产品销售额占全部销售额的百分比、一次设计成功的产品比例等。经营和售后服务过程把现有的产品（或服务）生产出来并交付给顾客，表现为价值创造的“短波”，强调效率、一致、及时性、优质经营和成本降低等。经营过程的业绩评价指标主要包括：①过程时间指标，如客户反应时间或客户主导时间、生产产品周转时间、经营循环时间和制造周期效率；②过程质量指标，如废品率、产出合格率、一次性产出合格率、返工率、退货数及退货频率、等候时间的长短、信息准确度和服务的及时性等；③过程成本指标，如成本降低额与降低率；④其他指标，如生产能力利用率、提供资源成本与利用资源成本比率等。售后服务过程的业绩评价指标主要包括服务反应周期、人力成本、物力成本、售后服务一次成功率等。

4. 学习和成长指标

随着信息时代的到来，企业获得各种信息变得越来越容易，因此一项新产品被模仿的门槛大大降低。企业要保持可持续的竞争力必须不断地学习和创新，决定企业这种学习和创新能力的就是企业内部所储备的人力资本和知识创新能力。企业基业长青的最大保障是拥有高素质的员工及鼓励学习和创新的各种机制。因此，在学习和成长方面的绩效评价至关重要。平衡计分卡模型提出的学习和成长指标主要用以评价企业的三类学习和成长资源，即人员、信息系统和企业程序。企业在财务、客户和内部业务流程方面的目标通常能够显示出，现有的人员、系统和程序的生产能力与实现突破性业绩目标所要求的生产能力之间的差距。为此，企业需要在员工培训、信息技术和信息系统、组织企业程序和日常工作方面进行投资。这些投资确立了企业长期成长和进步的基础结构，其目的在于实现企业在财务、客户和内部经营流程三个方面的长期规划。其业绩的评价应主要侧重于投资所产生的效果。人员指标主要包括一些一般性的结果指标，如员工满意度、员工保持率或周转率、员工的生产率、战略工作覆盖率、员工教育和培训支出、员工对新技能的掌握程度等。信息系统指标应能够用以衡量信息系统是否准确、可靠、持续地将关键客户和业务流程信息传递给管理者和一线员工，如信息传递和反馈所需时间、信息覆盖率等。企业程序指标要能够用于衡量企业是否具有适宜的报酬体系来帮助达成其目标，如员工年均建议数、被采纳或执行的建议数等。

平衡计分卡同时兼顾评价了企业当前的业绩和未来潜在的业绩。平衡计分卡从战略的角度出发，涉及全面提升企业核心竞争力的各项关键指标，在企业经营业绩评价中综合考虑了财务和非财务的指标，而且既应用了定性的指标也应用了定量的指标，是一种较为综合和科学的评价方法。平衡计分卡模型表达了企业使命和战略的四个方面，反映了主要的前置和滞后业绩的领域。这四个方面应该被看作是一个样板而不是一种约束，至今尚无可靠的理论证明这四个方面就是必要的和充分的，但是很少有企业对它的使用低于这四个方面，根据产业环境和经营单位的战略，可能需要增加一个或多个方面。但是，平衡计分卡模型包含的指标也并非越多越好。卡普兰教授曾经指出，平衡计分卡模型大致应该包括 20—25 个指标，四类指标的个数依次为 5、5、8—10 和 5 个，其权重分别为 22%、22%、34% 和 22%。最佳实践（Best Practices）公司 1998 年针对 32 家成功实施平衡计分卡模型的企业的调查研究也发现了相似的指标分配方式。然而，正如卡普兰等所指出的，平衡计分卡模型所包含的指标种类、数量和各类指标的权重设定，不存在绝对统一的模式，其设计具有鲜明的“企业化”和“行为化”特征，企业必须根据自身的战略定位和管理环境，“量体裁衣”。这往往需要在实践过程中，注意观察所设计的平衡计分卡模型引起的管理行为反应，及其与企业发展战略和环境的适应程度，不断进行调整，才能达到比较理想的效果。平衡计分卡模型在许多大型企业中已经被广泛地应用于评价企业经营业绩。

### （三）投资决策及其效果综合评价模型——托宾 Q 值评价法

托宾 Q 值是美国经济学家托宾（Tobin，James，1918—2002）1965 年为了研究企业的投资决策和衡量投资的效果提出的。托宾 Q 值反映的是一个企业两种不同价值估计的比值，即企业资产的市场价值与其重置价值之比。其中，企业资产的市场价值，即企业在股票市场上的价值；企业资产的重置成本，即其股票所代表的资产在当前生产或经营环境下重新购置所需付出的代价的综合。在评价上市公司绩效时，托宾Q值可以用如下公式来表达：Tobin Q=（MVE+PS+DEBT）/TA，其中MVE是企业流通股的全部市值，PS为企业优先股的全部市值，DEBT是企业的总负债净值，TA是总资产的账面价值，其含义是托宾Q值等于企业总资产的市值与总资产的账面价值的比值。

托宾Q值可能大于1、小于1或者等于1。托宾发现，托宾Q值大于1，即企业的市场价值大于重置成本时，企业为了追求价值最大化，企业投资支出将扩张。托宾Q值越大于1，对企业投资支出刺激越大；而当托宾Q小于1时，由于企业的市场价值小于重置成本，企业可以通过买进股票来取得生产性资产，将会比重置新设备来得便宜；而当托宾Q值等于1时，企业投资和资本成本达到动态（边际）均衡状态。因此，理论上看，公司的重置价值与市场价值之间比例倾向于1是市场的正常形态。但是，从实际情况来看，不同时期、不同公司往往具有不同的托宾Q值。美国证券市场100多年的数据研究显示，近百年来美国股票市场的托宾Q值总体波动幅度值大多数年份在1以下，从长期来看，企业的市值将回复至与其资产重置成本相近的水平，托宾Q比率向均值回归成为市场较为普遍的规律。

相关研究表明，托宾Q值大于1主要由以下3个方面的因素造成的：①投机性的炒作。市场在乐观情绪及资金的推动下往往会出现非理性的上涨。②公司的无形资产也导致了公司的市场价值与重置价值相比相对较高。垄断势力、声誉、商标、专利权和优秀管理者等无形资产的存在也将提升公司的市场价值，托宾Q值也会相应提高。就上市公司而言，其无可比拟的广告效应也应成为公司价值评估中不可忽略的重要内容。此外，一些资产的重置价值提高，如地产等资产的价值重估也将影响公司的市场价值。③不同时期由于利润率的差异及市场要求的股权收益率等方面的不同也将影响公司的价值判断。

托宾Q值事实上就是股票市场对企业资产价值与生产这些资产的成本的比值进行的估算。高Q值意味着高产业投资回报率，此时企业发行的股票的市场价值大于资本的重置成本，企业有强烈的进入资本市场变现套利的动机。当Q值较大时，企业会选择持后将金融资本转换为产业资本；而当Q值较小时，企业会将产业资本转换成金融资本，即继续持有股票或选择增持股票。如果某个上市公司的托宾Q值大于1，那么意味着该企业通过其有效的经营管理所创造的价值大于重新建立同样企业所需投入的资产总和，这样的企业是有效的，而且托宾Q值越大意味着企业的效率和效益越高，反之亦然。

在西方发达国家，很多学者和投资人使用托宾Q值来衡量公司绩效，认为托宾Q可以体现经营者的经营管理在公司价值创造中发挥的作用，从而能够有效地反映企业经营的绩效水平。但是托宾Q值法在评价我国上市公司的经营绩效时存在着一定的局限性。目前我国的证券市场相对而言还不成熟，托宾Q值的计算公式中的相关数据难以准确获得，如公司资产的总账面价值在我国一般是按照资产获得时的价值来计算的，但这样核算的公司资产的总账面价值与当前市场中真实的重置成本可能差距很大。而且，在我国上市公司中大部分企业都存在非流通股，并且非流通股所占的比重往往还比较大。对这些非流通股进行估值是很困难的，再加上目前我国股票市场中的股票价格常常与企业的经营业绩和真实价值出现严重背离，因此公司的市场价值难以准确计量。

### （四）我国国有企业绩效评价模型

为加强对国有企业和国有控股企业的管理和控制，我国政府建立了国有企业绩效评价模型，它是针对我国国有企业和国有控股企业的绩效评价体系，其目的在于保证企业能实现国家规定的绩效目标。国有企业绩效评价模型始于20世纪80年代，在当时计划经济特征明显的外部环境下，该模型主要的考核指标是企业的产量和销量。随着改革开放的逐渐深入及市场机制的逐步完善，国有企业绩效评价模型的考核指标逐步转变为考核企业的经营质量，即考核实现利润和上缴利税等指标。1999年国家财政部等四部委联合出台了《国有资本金效绩评价规则》和《国有资本金效绩评价操作细则》，这两部规则第一次较为系统地建立了对我国国有企业绩效评价的考核体系。随后财政部和其他有关部门陆续推出了一系列补充说明、制度和通知等文件，进一步完善了该评价体系。

国有企业绩效评价模型可以简化为一个四横三纵的立体结构。所谓四横是指财务、营运、偿债和发展状况四个横向维度；所谓三纵是指通过基本指标、修正指标和评议指标三个层次。

## 二、控制权及控制权收益对公司绩效影响研究综述

在有关公司控制权及控制权收益的研究中，控制权及控制权收益对公司绩效的影响一直是学者们关注的一个话题。这些研究一般从公司控制权与公司绩效的关系分析为基础，进一步研究控制权转移及控制权收益水平高低对公司绩效的影响。

### （一）公司控制权对公司绩效的影响

自从 Merle 和 Means 在 1932 首次提出公司所有权与公司绩效之间的关系问题以来，有不少学者从不同视角就公司控制权对公司绩效的影响进行了研究。

在国外，Merle 和 Means（1932）的研究开辟了公司控制权对公司绩效影响研究的先河。他们指出，公司所有权与控制权的联系越松散，分离程度越高，公司绩效就越不能保证，每个股东的持股比例越低，股东对公司管理层的控制能力就越差，相关的控制权问题就越容易出现。Jensen 和 Mecking（1976）认为，随着公司股权集中度的提高和所有权的转移，管理层与股东的利益会逐渐趋同，最终使公司的价值提升。也就是说，如果降低代理成本的收益低于增加股权集中度的成本，公司所有者将会转移其持有的部分控制权，以改善公司股权结构并使公司价值趋向最大化，反之亦然。LaPorta 和 Lopez（1999）通过考察 27 个富裕国家的公司所有权结构及其最终控制人发现，除美国等少数发达资本主义国家的公司所有权比较分散外，其他国家都普遍存在公司所有权集中的现象。在这些国家，最终控制人通常通过金字塔持股结构、交叉持股或多重股权等方式，实现现金流权与控制权的分离。他们指出，控股股东在获取私人收益的同时，也在损害公司的整体利益，进而产生侵占成本，且侵占成本与现金流权的高低正相关，进而导致公司绩效与控股股东的现金流权正相关；同时，当控制权与现金流权分离程度较高且控股股东的现金流权较低时，控股股东就有动机侵占中小股东的利益，因此这种情况下的公司绩效与控股股东的控制权和现金流权的分离程度负相关。Claessens、Djankov 和 Lang（2002）从最终控制人的视角出发，通过对东亚 8 个国家的 1301 家样本公司的数据分析后发现，公司绩效与控股股东的现金流权正相关，而与控制权负相关，且控制权与现金流权的分离程度越高，公司的绩效

越差。La Porta（2002）等四位学者建立了简称LLSV的模型来检验终极控制人的控制权对公司价值的影响效果，以及现金流权和隧道行为之间的联系，研究将27个发达国家的539个大型公司作为模型的样本，使用托宾Q值来衡量公司绩效。LLSV模型发现中小股东受保护的程度与公司价值之间是正相关的，制约控股股东的现金流权和建立对中小投资者的法律保护机制，对控股股东的控制权收益攫取行为是一种约束。但是，LLSV模型并未发现控股股东的现金流量权和其所拥有的企业控制权的分离程度与公司价值之间存在相关关系。Bebchuk等人（2000）认为所有权与控制权的分离会降低公司价值。Yeh（2005）发现，当控制性股东获得了较高水平的控制权时，他们可以很轻易地侵占中小股东的合法权益，从而降低了公司的绩效水平。

在我国，也有不少学者对控制权与公司绩效的关系进行了研究，得出了与国外学者类似的结论。王鹏和周黎安（2006）利用我国股票市场的数据研究了控股股东的控制权与现金流权对公司绩效的影响，研究结论表明，控股股东的控制权与公司的绩效呈负相关关系，现金流权与公司绩效则呈正相关关系，但控制权的侵占效应强于现金流权的激励效应，并且公司绩效随着两权分离程度的增加而下降。邹平和付莹（2007）借助于企业价值作为业绩指标研究控制权与公司绩效的关系，他们通过对上海证券交易所66家上市公司2001—2005年的数据进行分析后发现，企业价值与最终控制人的现金流权存在显著的正相关关系，而与公司控制权存在负相关关系，同时最终控制人的控制权与现金流权的分离程度与企业价值之间呈负相关关系。谷祺、邓德强和路倩（2007）通过对我国121家家族控制的上市公司股权结构分析后指出，样本公司的公司价值与现金流权比例存在负相关关系，这可能源于家族上市公司的“掠夺性分红”，同时公司价值与控制权比例存在显著的负相关关系。刘锦红（2009）以我国沪深两市2004—2007年的民营上市公司为样本的研究发现，最终控制人的控制权比例、最终控制人的现金流权比例及最终控制人的所有权与控制权分离程度均同公司绩效呈负相关关系。王书林（2011）选取1998—2008年沪深两市国有控股上市公司发生股权协议转让的民营化113个样本进行研究发现，国有控股上市公司在控制权转移给民营部门后1—3年的时间期内，与控制权转移前相比，未发现统计意义上的企业绩效的提升，国有控股上市公司通过在证券市场上的控制权转移而实现的民营化总体上是无效率的；控制权私人收益水平对企业预期绩效产生显著负向影响，抑制私人收益水平可提升企业未来的绩效，从而提升民营化效率。但是，也有学者的研究得出了不同的结论。如蒲立白和刘芍佳（2004）通过分析公司控制权的有效性得出结论，获得公司的控制权有利于提高公司的绩效，且控制类公司的绩效要优于非控制类公司。程敏（2009）通过对我国1998—2004年的705个上市公司的样本数据分析后发现，股权转让后公司的业绩很不稳定，在股权转让后第一年有所提高，第二年继续上升，在第三年公司业绩开始出现下降趋势。她认为，控制权转移的绩效要在较长的时间内才能完全显现出来，将股权转让给关联方并不会带来公司业绩的提升，反而会导致公司业绩的下降。

### （二）控制权收益对公司绩效影响的研究综述

由于公司绩效衡量方法等方面存在的诸多差异，国内外学者关于控制权收益水平高低对公司绩效的影响的研究结论存在较大的差异。

1. 国外学者关于控制权收益对公司绩效影响的研究

国外许多学者就控制权收益对公司绩效的影响进行了研究，他们的研究主要有两种方式：一是通过分析控制权发生转移事件中目标公司股东获取的超额报酬水平进行判断；二是通过分析公司控制权发生转移后企业绩效在短期或长期内的变化情况进行判断。

Manne（1965）发现，如果潜在的控制者认为通过自己对目标公司进行有效的管理可以提高公司业绩和公司股价，并且可以使其掌握的公司资本得到增值时，潜在的控制者就会付出一定的代价来争夺目标公司的控制权。当潜在的控制者在获得公司控制权之后，他们会尽可能地提高目标公司的绩效水平。公司的绩效水平获得提升会带来公司股价的提升，这样投资者投入的资本也会产生增值。

Bradley、Desai和Kim（1983）研究了394家出现过善意收购的上市公司的经营绩效。研究发现，这些目标上市公司在控制权转移的公告日前后存在着明显的非正常收益。[1] Asquith（1983）发现，在涉及控制权转移的目标公司的股东在交易前一年左右的时间里并没有取得显著的超常收益，但在这

---

[1] BRADLEY, DESAI, KIM, The rationale behind interfirm tender offers: Information or synergy [J]. Journal of Financial Economics, 1983.

些目标公司因为并购发生控制权转移时，目标公司股东获得的超常收益非常显著。[1] Jensen 和 Ruback（1983）发现，在涉及控制权转移的并购事件中，公告期内目标公司的股东分别平均获得 20%至 30%的超额收益。Franks 和 Harris（1989）对 1800 个涉及控制权转移的案例进行了分析，发现目标公司的股东大约获得 25%的超额收益。Bradley、Desai 和 Kim（1988）以美国 1964—1983 年发生的 236 项要约收购事件作为样本进行分析发现，时间公告日的（−5，+5）时期内，目标公司的股东获得了 31.77%的超额收益。Jarrel 和 Poulse（1989）通过对美国 1960—1985 年发生的 663 项并购事件进行分析后发现，并购事件发生后，目标公司股东的平均超额收益率超过了 20%。Schwert（1996）通过对美国 1985—1991 年发生的 666 项兼并收购和要约收购事件进行研究后发现，并购事件发生后，目标公司股东获得的超额收益率平均达到了 26.8%。Higson 和 Elliott（1998）将涉及控制权转移的并购分为善意和恶意的两类，通过研究英国上市公司 1975—1990 年发生的 830 项要约收购事件后发现，在涉及控制权转移的并购中，目标公司所得的超额收益率平均为 37.5%，其中恶意收购产生的超额收益率平均为 42.7%，善意收购产生的超额收益平均为 36.6%。尽管如此，也有个别研究得出了不同的结论。如 Jaffe 和 Mandelker（1992）以美国的 937 项兼并收购和 227 项要约收购为样本，再将这些样本公司的股票收益率按照公司规模和 Beta 系数进行调整后发现，收购方股东在控制权转移后 5 年内的超额收益率显著小于零，收购方股东的财富损失率在 10%左右。

国外学者在研究控制权转移事件发生对目标公司股东超额收益影响的同时，也对目标公司控制权转移后业绩的短期或长期变动进行了研究，以此判断控制权收益对公司绩效的影响，得出了肯定的结论。Meeks（1977）将 164 家涉及控制权转移的公司作为研究对象，研究控制权转移与公司绩效之间的关系，发现涉及控制权转移的并购通常会使目标公司的绩效提升而使并购公司的利润下降。Kaplan（1989）发现控制权转移通常会带来公司绩效的提升。Manson、Stark 和 Thomas（1994）对 38 个涉及控制权转移的并购案例进行了长达 5 年的研究，发现涉及控制权转移的并购会提升公司的绩效。Ghosh

---

[1] Asquith Merger Bids，Uncertainty，and Stockholder Returns [J]. Journal of Financial Economics，1983.

(2001) 选取了 315 家美国企业作为样本研究企业并购前后公司绩效的变化。Ghosh 认为，支付方式会显著影响并购后的公司绩效。采用现金收购的方式是，并购后公司经营现金流量明显放大，公司经营业绩的提升主要是源于销售收入的增加而不是经营成本的缩减。需要指出的是，尽管许多研究证实了控制权转移对公司绩效的积极影响，但也有部分学者的研究表明，公司控制权转移后公司绩效虽然有所变化，但变化并不显著。如 Frank、Harris 和 Titman (1991) 的实证研究结果未发现目标公司在未来 2—3 年出现明显的差额收益或损失。

2. 国内学者关于控制权收益对公司绩效影响的研究

在我国，由于控制权转移方式大多采用协议转让和无偿转让，并且股票市场中非流通股占有相当大的比例，所以国内学者的相关研究与国外有很大的不同。但国内学者对这一问题的研究也取得了丰富的成果。

大多数学者的研究结论表明，控制权转移会对目标公司绩效产生积极的影响。张维迎 (1998) 在研究不同控制权结构下上市公司的并购行为时发现，由于控制权收益不可转移和经理人控制权的损失无法弥补，造成上市公司并购过程中存在许多阻碍，这些障碍使得并购活动效率低下，从而导致公司绩效水平较低。姚先国、陈信元、张田余 (1999) 对 1997 年在上海证券交易所发生资产重组的 95 家上市公司的股价进行研究发现，控制权转移对公司的影响通过公司股价表现出来。一般情况下，在控制权转移的公告发布以后公司股价上升，其后随着时间推移股价又出现回落。余光和杨荣 (2000) 研究认为，在控制权转移公告的当天，并购公司的股价通常没有明显的变化，但是被并购公司的股价则往往大幅提升。张新 (2003) 对我国证券市场中的 1216 件控制权转移的案例进行了研究，也发现控制权转移会使公司股东的财富增加，而且会显著改善目标公司的各项财务指标。朱宝宪和陈慧遐 (2004) 对 2003 年我国证券市场上发生控制权转移的 148 家上市公司跟踪研究发现，在控制权发生转移的公告发布前后三天内目标公司的股价通常会出现异常波动，目标公司的累计超额收益率显著为正，说明短期内目标公司的股东财富是增加的。高雷、宋顺林 (2006) 研究发现，上市公司的控制权转移将会使上市公司获得超过 9%的累计超额收益率，特别是在控制权转移后上市公司的高管如董事长、总经理等发生变化以后公司将获得更高的超额收益。徐维兰和崔国平 (2008) 研究控制权转移的并购样本发现，这些目标企业的平均超额累积收益率（CAR）为 1.366 2%，说明在控制权转移的并购发生以后，市场对公司产生了积极的影响并且增加了公司股东的财富。李善民、陈玉罡（2002)却得出截然相反的结论，他们认为控制权转移并不会显著提高目标公司股东的财富水平，但能明显提升收购公司的股东财富。

另外一些学者则认为控制权转移使并购和被并购公司的股东财富都得到了提升。原红旗、陈信元（1999）采用每股收益、净资产收益率等来评估公司绩效，研究发现控制权转移发生后公司的各项财务指标都有所改善，证明控制权转移提高了目标公司的绩效水平。王娟、任安（2007）发现，控制权转移能够改善并购双方的公司绩效，控制权转移会给并购双方的股东带来正的累积超常收益。[1]

但是，有一部分学者却认为控制权转移在短期内能提升公司业绩，但是很难一直持续。冯根福、吴林江（2001）使用财务指标综合评价上市公司在控制权转移前后的公司绩效变化情况，他们发现总体而言目标上市公司的绩效在控制权转移之初都出现了明显的上升，但随后都出现了回落。[2] 李善民、曾昭灶等（2004)选取了 84 家发生过并购的上市公司作为样本进行研究，发现在并购发生的当年上市公司的经营绩效是有显著提升的，但是随着时间的推移上市公司的经营绩效开始下降，有时这种下降的幅度甚至超出了并购当年上市公司业绩提升的幅度，因此他们认为上市公司的并购行为并不能改善公司业绩。[3] 周晓苏、唐雪松（2006）选择 1997—2001 年发生了控制权转移的上市公司作为研究对象，同时衡量上市公司控制权转移后的盈利能力和发展能力变化情况。研究发现，控制权转移对公司业绩的提升只是暂时的，不具有可持续性。[4] 奚俊芳、于培友（2006）发现上市公司的经营业绩在控制权转移后出现提升，但对控股股东性质变动、控制权转移方式、转让的股权比例和高管变动等影响因素进一步分析发现，公司的经营业绩与控制权本身及控制权转移并不是显著相关的，并购以后公司业绩的提升是公司盈余管理的结果。[5] 吴豪和庄新田（2008）对沪深两市 2004 年发生的 517 起并购案例进

[1] 王娟，任安．中国上市公司控制权转移绩效实证研究［J］．系统工程，2007（11）．

[2] 冯根福，吴林江．我国上市公司并购绩效的实证研究［J］．经济研究，2001（1）．

[3] 李善民，曾昭灶．上市公司并购绩效及其影响因素研究［J］．世界经济，2004（9）．

[4] 周晓苏，唐雪松．控制权转移与企业业绩［J］．南开管理评论，2006（4）．

[5] 奚俊芳，于培友．我国上市公司控制权转移绩效研究——基于经营业绩的分析［J］．南开管理评论，2006（4）．

行了实证研究，他们运用会计分析方法选取了流动比率等13个指标建立财务指标体系，认为并购活动并不能持续提升公司绩效，只能在短期内对公司绩效有改善。另外一部分学者提出，控制权转移与控制权转移后的公司业绩变化并无显著的相关关系。[1]

另外，还有个别学者从一些新的视角研究了控制权收益与公司绩效的关系，得出了与以前不同的结论。如陈敏（2006）通过建立模型和对“科龙”案例的分析证明，追求控制权收益是以投融资效率降低为代价的，同时投融资也是控股股东获取控制权收益的幌子。李乐（2011）结合我国上市公司的财务政策和治理结构的特点，以我国沪深两市2004—2009年上市公司218组样本数据为样本，研究了控制权收益对公司价值的影响，并进一步引入控制权收益与资本投资的交互项，其研究结果发现，控制权收益同公司价值之间呈现倒“U”型关系：当控制权溢价水平较低时，控制权收益对公司价值的影响不显著；而当控制权溢价水平处于中间水平时，控制权收益对公司价值有着显著的正向影响；而当控制权溢价水平较高时，控制权收益对公司价值产生显著的负向影响；资本投资在整个影响过程中都发挥着“催化剂”的作用，大股东主要通过资本投资占有控制性资源进而获取控制权收益。杨志强、石本仁（2014）以2007—2011年我国A股上市公司为样本，探讨了公司高管将其私人控制权收益在同行业内比较时所产生的公平性感受对公司价值的影响，其研究发现，控制权收益绝对额与额外控制权收益的反向相反，相对于股权分散或者存在股权制衡的公司，股权集中公司高管控制权收益绝对额显著降低公司价值，而正向额外控制权收益显著提升公司价值，负向额外控制权收益则显著降低公司价值。

---

[1] 吴豪，庄新田．中国上市公司并购绩效的实证研究［J］．东北大学学报，2008（2）．

# 第三章　控制权收益与公司绩效关系的理论与实证分析

## 第一节　上市公司控制权收益与公司绩效关系的理论分析

### 一、中国民营上市公司控制权收益的现状

#### （一）中国民营上市公司控制权收益的背景

1. 民营上市公司控制权收益的宏观环境

（1）股票市场发展的不完善。近 20 多年来，我国资本市场得到了快速发展。就股票市场而言，完成了从无到有、从小到大、从地区性市场迅速发展成具有一定规模的全国性市场的历程。尤其是近几年来，我国股票市场规模迅速扩大，交易品种不断增多，资本结构逐步优化，我国股市进入了一个蓬勃发展的时代。但是，在我国的股票市场迅速发展的同时，也出现了一系列亟须关注的问题。首先，我国资本市场上的资源配置功能低效，股市和宏观经济缺乏必要的联系。其中，融资困难是导致资源配置效率低下的一个重要原因。我国大部分股民投机心理过重，导致资本市场上普遍出现短线投资行为，加上我国资本市场上较单一的融资手段，直接融资和间接融资比例结构失调，极大弱化了我国股市的融资能力，股市"晴雨表"和"导向"功能未

能有效发挥，进一步导致股票市场资源配置功能低效，股市和宏观实体经济出现脱节现象。其次，股票市场具有明显的结构缺陷，政策阻碍了股市发展的有效性。在我国，股票市场股权结构复杂，不同性质的股票获利方式仍存在很大差异，这给控股股东获取私有收益提供了可能性。而且股票市场带有浓重的行政色彩，国家政策对股市产生重大影响，市场上资本的流向不是由市场相对价格的变化决定，而是由政府决定，这严重违反了资本市场的发展规律，不利于资源的有效配置，阻碍了股市的健康有序发展。最后，股票市场治理效率低下。健康有序的市场机制是股票市场高效、公平运转的基础。我国资本市场信息披露制度不完善，大多数上市公司是由国企改组而来，其上市往往是政府干预或专家选择的结果而非市场自由选择的结果，加上我国股票市场上呈现出同股不同权、同股不同责、同股不同利的现象，这种现象使得股票市场参与者利益不均衡，股市长期偏离正常价值，这不仅极大地削弱了股票市场资源配置的作用及股票市场的信息揭示功能，而且还会严重挫伤股民的投资信心和积极性。

（2）股权分置及其改革的不良影响。长期以来，我国大多数上市公司的股权掌握在国家或法人手中，国有股占据主导地位且不得上市流通，“流通股”与“非流通股”长期并存，形成了“同股不同权”的现象。由于非流通股股东无法取得股票溢价收益，为了使自己的利益最大化，他们会利用手中控制权带来的对上市公司的控制力和影响力，通过各种方式攫取控制权收益，这便是控制权收益的根本由来。而且股权分置导致严重的国有股“一股独大”现象，公司治理机制缺乏科学性、合理性，董事会和监事会未能有效发挥监督职能，加大了大股东对中小股东利益的剥夺。股权分置问题的存在，对我国的证券市场产生了重要的影响，明显地制约了上市公司的健康持续发展，改革势在必行。2005 年实行的股权分置改革，一方面消除了流通股和非流通股两个市场的分割，改变了国有股“一股独大”的局面，完善了公司治理结构，大大提高了资本市场控制权配置效率。股改后，大股东与中小股东的利益趋同效应增强，大股东会从股东利益或公司价值最大化角度出发做出各种决策以提高上市公司的经营业绩和整体运营质量，较少对中小股东利益的侵占；但另一方面，大股东为了谋求从资本市场上通过关联交易转移的收益和利用控制权从二级市场获取资本利得二者间的平衡，可能与上市公司的高管和机构投资者相勾结，利用掌握的资金优势和信息优势，通过内幕交易和市场操纵行为，采取各种形式的“掏空行为”进一步侵占中小股东的利益，攫取更多的控制权收益。

（3）保护中小股东法律的不健全。中小股东是证券市场的重要参与者。对中小股东权益的法律保护不仅能够增强投资者对证券市场的信心，而且能够降低逆向选择及道德风险，保证资本市场健康有序的发展。大量的证据表明，一国法律对投资者尤其是中小投资者利益的保护程度与大股东攫取控制权私有收益的大小成正比，这也是世界各国控制权私有收益水平存在差异的最主要原因。随着我国资本市场的不断发展和公司治理结构的不断完善，证券立法者及证券监督管理机关已充分认识到保护中小股东合法权益的重要性，对中小股东的法律保护经历了一个从无到有、从弱到强，逐步发展和完善的过程，但在发展过程中仍然存在一些突出的问题。第一，法律法规不健全，给控股股东留下了可钻的漏洞。虽然我国《公司法》和《证券法》对中小股东利益的保护做了较完备和详细的规定，但仍存在不完善之处。如新《公司法》规定在公司连续五年盈利，且符合利润分配条件时，若公司拒绝向股东分配利润，中小股东有请求权，但是仅限于请求公司把自己的股份收回，而无权要求公司强行分配利润，等等。这些法律法规的不健全为控股股东侵害中小股东利益留下了漏洞和便利之道。第二，民事责任及实现机制的缺位导致法律救济难以实现。在我国存在严重的“重行（刑）轻民”现象，如修订前的《证券法》中“法律责任”部分涉及行政责任或刑事责任的有 34 条，而民事赔偿责任只有 2 条。而且从实际执法情况来看，“琼民源”“银广夏造假案”等很多中小股东利益受损的案件中，对违规者大多采用行政处罚和刑事处罚，民事救济手段有限，使得投资者尤其是中小投资者在利益受到侵害之后无法获得应得的民事赔偿，合法权益不能得到法律的保护。第三，证券监管体系不完善，难以保护中小投资者的利益。当前，我国的证券监管体系仍有一些不完善之处，如存在证券交易所对上市公司的监管执法不严、有名无实等现象。这些现象的存在，使得政府监管机构无论从自身拥有的监管权利还是处罚手段看，都无法起到监督的作用，监管效率低下，难以达到广大投资者的期望，很难保护中小投资者的合法利益。第四，法院执法水平较低，投资者的维权意识不强，中小投资者的利益受损。证券市场是高风险和专业性很强的市场，存在系统性风险、制度性风险、信用风险等多种风险，大多数证券投资者投资的目的仅仅是一种投机行为，当自身利益受到侵害时，他们根本不知道如何追究责任公司和责任人员的责任。即使知道，由于执法部门对违法违规行为执法力度不够，因此中小投资者追究有关责任公司和责任人员也是难度大、成本高、效果差，这时他们往往会选择自认倒霉。

2. 民营上市公司控制权收益的制度根源

(1)“家族文化”与“泛家族规则”是大股东攫取控制权收益的根本动因。在我国，“家文化”代表了中国文化的突出特征，数千年“家族文化”传统的心理积淀会对企业的组织和经营行为及家族企业的生命周期等产生重大的影响。我国社会中“家族文化”之所以重要，是因为它不仅仅给家庭或家族提供一套规则，更是把它泛化到社会经济生活的方方面面，这使得“泛家族规则”成为我国文化的典型特征，当然也是我国民营上市公司的一个重要特征。“家族文化”及“泛家族规则”在民营上市公司中主要表现为“家族大股东具有天然的权威性”“家族小团体主义”倾向及“以人治代替法治”等文化特点。这些文化特点强化了家族大股东的权威地位，引致家族大股东追求家族利益最大化及滥用“人治”等可能侵害其他中小股东利益的行为，使得家族大股东侵害中小股东利益、攫取控制权收益的概率大大提升。

(2)公司控制权的配置为大股东攫取控制权收益提供了可能。通过公司控制权的配置，我国民营上市公司大股东掌握了公司的控制权，从而具备了攫取控制权收益的能力。虽然我国民营上市公司的大股东平均持有了三成多的股权，并没有达到绝对控股的程度，但由于其他股东持股比例都很小，所以难以挑战第一大股东的控制地位。在此情况下，股东大会也就成了大股东的“一言堂”。这样，大股东的一些机会主义行为就可能获得股东大会的通过，并上升为公司意志，从而使其攫取控制权收益的行为套上了“合规”的外衣。另外，我国民营上市公司的管理层（董事和经理）多数受到大股东控制，有的高层管理人员甚至就是上市公司终极控制家族的家族成员。这样，管理层很容易与大股东形成一种利益共同体，进而为大股东攫取控制权收益提供信息及操作手段上的支持和协助。当大股东与管理层达成“合谋”时，大股东攫取控制权收益将变得更加便利。

(3)公司治理机制的缺陷为大股东攫取控制权收益提供了机会。在我国，民营上市公司的公司治理机制并没有起到制衡大股东的作用，甚至还成了大股东攫取控制权收益的温床。我国民营上市公司在现有内部公司治理结构下，股东大会、董事会和监事会并不能相互制衡，它们在很大程度上只代表少数大股东的利益。另外，我国上市公司股票市场“用脚投票”功能的丧失、控制权市场压力的弱化、上市公司信息披露制度不完善、证券监管部门监管力度不够及中小股东权益缺乏法律保护等现实也局限了外部公司治理机制在制衡大股东中的作用。不规范的公司治理机制将必然导致公司治理行为的紊乱，大股东侵害其他中小股东利益、攫取控制权收益也就成了一种必然。

(4) 股权分置的制度安排使大股东攫取控制权收益成为一种理性的选择。在股权分置这一特殊的制度安排下，我国民营上市公司的非流通大股东与众多流通小股东之间的利益差异被极大地放大，导致了公司内外公司治理机制丧失了对大股东攫取控制权私人收益的制衡作用。在这样的制度背景下，大股东侵害中小股东利益、攫取控制权收益就成了他们理性的选择。或者反过来说，股权分置在很大程度上激励了大股东对控制权收益的无度追求。

### （二）中国民营上市公司控制权收益的特征

1. 上市公司控股股东获得控制权收益的现象普遍

股权集中度偏高仍是我国上市公司的一个主要特征。目前在我国沪、深两市上市的企业中，相当一部分企业是有国有股控股的。这些国有企业在上市之初大都存在一个我国证券市场特有的现象，即存在大量的非流通股。截至 2012 年年底，我国上市公司（主板）第一大股东持股比例平均值为 34.26%，远远高出发达国家 20%的平均水平。股权集中度偏高意味着大量的投票权由控股股东控制，这些控股股东通过安排内部人进入董事会来加强对企业经营管理的控制力，从而实现控制权私人收益。

从股权结构来看，截至 2012 年年底，我国沪、深两市上市公司总计 2494 家，股本总数约为 24 740 亿股，但是上市公司普遍存在一股独大，政府（国有股）和家族成员是控股股东的主体，企业法人和机构投资者很少占据控股地位。这样导致上市公司的社会融资能力没有得到充分的释放，资本市场利用不充分。

拥有企业控制权的控股股东往往有强烈的个人收益最大化的动机，而控股股东要实现这一动机往往会侵占中小股东的利益。控股股东利用其掌握的控制权来决定公司的运营方式，通过各种形式的隧道挖掘来实现利益的输送和转移，进而侵害中小股东的现金流权。

2. 上市公司控股股东获得控制权私人收益的途径多样化

（1）控股股东利用关联方交易向关联公司进行利益输送。关联方交易是指关联方之间转移资源、劳务或义务的行为，而不论是否收取价款。关联交易一般同时存在正反两个方面的影响。一方面，关联方交易是一种市场行为，企业集团可通过转移价格等内部安排，有效降低税费等交易成本，提高企业经营绩效，实现集团整体利益最大化。另一方面，我国信息披露制度的欠缺及外部监管的不足，导致了处于控制地位的上市公司大股东有机会从自身利益最大化出发，借助于关联方交易对公司的资产和利润进行不正当转移，以获取控制权收益，从而使关联方交易成为我国上市公司控股股东谋取控制权收益的主要途径。例如，控股股东的关联公司以明显高于市场的价格向上市公司出售其资产，或上市公司将其优质资产以明显低于市场的价格转让给控股股东的关联公司；控股股东的关联公司向上市公司收取明显高于其实际价值的咨询费、顾问费、商标使用费、专利使用费及其他无形资产的使用费等，或者上市公司免费或者以明显低于实际价值的费用向控股股东的关联公司提供咨询、顾问、商标使用、专利使用及其他无形资产的使用。这些利益输送的行为都会导致本属于上市公司的利润转移到控股股东的关联企业中，控股股东从关联企业中受益从而实现控制权私人收益，与此同时中小股东和企业本身的利益蒙受巨大的损失。

（2）控股股东非法占用或者挪用上市公司的巨额资金，或借用上市公司为其关联公司进行违规担保。

在我国资本市场上，控股股东利用各种机会直接或间接占用上市公司资金现象是比较普遍的，上市公司沦为控股股东的“提款机”，这也是很多上市公司出现巨额亏损的重要原因。上市公司的资金一旦被控股股东无偿或低成本长期占用，往往会导致企业的流动资金发生短缺，严重时甚至导致企业资金链的断裂，影响企业的正常生产经营、公司资产和财务的安全运行，导致企业财务状况恶化；同时，控股股东大量占用上市公司资金在财务报表账面上通常表现为对控股股东的应收账款和其他应收款逐年增多，年度财务报告中对该账款计提坏账准备势必给企业带来大量的坏账和呆账，降低上市公司的资金周转率，增加其经营风险和财务风险，影响上市公司的经营业绩。

另外，还有不少上市公司的控股股东利用其掌握的控制权，要求上市公司以上市公司的优质资产、良好信誉为其关联公司（通常是控股股东所控制的企业）提供担保甚至是违规担保。当被担保单位陷入财务困境无法按时履约偿还该款项时，上市公司就会因其担保而承担连带责任，从而加剧了上市公司的财务风险。尽管上市公司对被担保方具有追偿权，但由于被担保方通常是控股股东自身或其关联方，上市公司常常无法真正行使追偿权，进而导致上市公司的巨额损失。在我国资本市场上，因为违规担保而使得上市公司直接被大股东及关联方占用资金，进而导致自身财务陷入风险困境甚至破产的例子不胜枚举。

由上可见，无论是资金占用或者挪用上市公司资金，还是为关联公司进行违规担保，都会对上市公司本身的经营带来巨大的风险和潜在的损失，间接地损害了中小股东的合法权益。虽然我国证监会从 2003 年起对控股股东非法占用或者挪用上市公司资金及违规贷款一直在进行清欠，但是控股股东的这种侵占行为还是普遍存在。

（3）控股股东在公司完成 IPO 和配股后操纵上市公司立即进行高额派现。公司刚刚完成 IPO 以后派现的现金来源实际是中小股东的股本投入，这时大股东所获得的派现实际上是一种变相的融资分红。

（4）控股股东操纵上市公司为公司的高管人员提供高额的薪水、津贴、补助和在职消费等。

iFinD 数据统计显示，在已经公布 2012 年年报的上市公司中，高管年度报酬总额达到 88.6 亿元，平均每家上市公司支付给高管的薪酬总额约 510 万元。这一数据比 2011 年度的 477 万元增长了 6.9%。与此同时，上市公司共实现 1.85 万亿元的净利润，这一数字仅仅比 2011 年的 1.8 万亿元增长了 2.08%，高管薪酬的增长速度明显高于公司业绩的增长。

（5）财务造假损害投资者利益。控股股东常常会运用多种手段来实现其控制权私人收益，其中财务造假成为各种行为的基础。财务造假的形式主要包括虚假销售、虚报利润、虚假出资等。这些财务造假行为一方面掩盖了各种控股股东侵占中小股东利益的行为，另一方面又加大了对中小股东利益侵害的程度。

（6）内幕交易。如前文所述，控股股东由于其在资金和信息方面相对中小股东而言有着绝对的优势，因此可以通过内幕交易来操纵股价从中牟利。在我国证券市场监管体系尚不成熟的现状下，上市公司的控股股东利用内幕交易操纵股价坑害中小股东牟利的案例时有发生。

## 二、中国民营上市公司控制权收益的影响因素

### （一）内部因素

1. 资产规模

上市公司的资产规模与控股股东所能取得的控制权收益呈正相关关系，即公司资产规模越大，控制权收益越高，反之亦然。因此，上市公司控制权的所有者往往有不断扩大公司资产规模的动机，而且在决定公司资产规模的时候，控制权所有者参考的标准往往不是资产的规模效应和效率，而是控制权收益最大化的可能性。

2. 投资规模

上市公司的投资规模与控股股东所能取得的控制权收益也呈正相关关系，即上市公司投资规模越大，上市公司所掌握的资源就会越多，控股股东所能获得的控制权收益也就越大。而且，上市公司的投资规模会转化为后期的资产规模，控股股东也可以由于资产规模的扩大进一步获取更大的控制权收益。因此，上市公司的控制权所有者往往有过度投资的动机，他们在选择投资项目时并不是以公司价值或者潜在收益最大化为决策标准。这种过度投资会降低投资的有效性及资产的效率，使公司的价值和收益受损。在少数情况下，如果上市公司投资失败会影响到控股股东的控制权归属，则控股股东会抑制这种投资从而导致投资不足。

3. 公司业绩

公司经营业绩水平越高，控股股东就拥有更多可以支配的资源来提升其可以获取的社会声誉、奖金和公款消费；相反，公司经营业绩越糟糕，则控股股东拥有更少可以支配的资源来获取上述这些控制权收益。因此，管理者如果以牺牲公司绩效为代价来获取控制权收益，结果往往是事与愿违的。一方面，如果公司经营业绩糟糕，公司股东会提出更换管理者以提高目标公司的业绩水平，或者现有股东会转卖股份达到引入新的控股股东的目的；另一方面，公司股东也可以采取不履行债务的义务，将债权人引入公司从而达到对管理者的监督作用，甚至可能直接对目标公司进行清算。这两种方式都能够在一定程度上抑制控股股东牺牲公司的业绩水平来谋求个人的控制权收益

的行为。

4. 公司成长性

公司成长性越高，意味着在未来公司需要更大规模的投入，这样会大幅度减少公司现金流的存量，公司控股股东能够获得的控制权收益就会受到限制。因此，高成长性与控股股东获得的控制权收益负相关，成长性越高，控制权收益越低，反之亦然。上市公司的控股股东总是将公司的成长规模控制在一定范围内，从而使上市公司拥有充足的现金流，从而能更好地攫取控制权收益。

5. 资本结构

由于投资规模和资产规模的扩大都可以给控股股东带来更多的控制权收益，因此控股股东总是存在扩大资产规模和投资规模的动机。但是，投资规模和资产规模的扩大仅仅依靠企业内部的资源是非常有局限的，因此公司必须能够从外部获取资本。上市公司从公司外获取资本的主要方式是债权融资（向银行等金融机构申请贷款）和股权融资（通过获取权益资本）。控股股东在决策融资方式的时候，其决策标准一般是看哪种资本结构对其获取的控制权收益负面影响最小。当债权融资对控股股东的控制权收益影响较小的时候，控股股东则更偏向于选择债权融资的方式，反之亦然。对于资本所有者而言，他们对于控制权收益的约束取决于其投资意识。资本所有者的投资意识越强，则对控制权收益的约束要求越高，反之亦然。

### （二）外部因素

1. 经理人市场成熟度

上市公司所处的经理人市场越成熟，市场中可替代性的经理人越多，上市公司选择和更换经理人的成本更低，经理人感觉来自于市场的潜在威胁越大，因此经理人的行为会受到更多的约束和限制。经理人攫取控制权收益的行为很容易导致上市公司更换经理人，这样就加大了经理人的风险。因此，经理人市场成熟度与控制权收益呈负相关，经理人市场成熟度越高，经理人获取控制权收益的行为就会越少，反之亦然。

2. 法律保护程度

世界各国对于上市公司的投资人和债权人都有相应的法律保护制度，这些不同的法律保护制度反映出保护程度的高低。在法律对公司投资人和债权人的权益保护程度较高的环境中，则获取高额控制权收益的风险和机会成本是很高的，因此在一定程度上可以限制控制权收益的攫取行为。在法律对公司投资人和债权人的权益保护程度较低的环境中，攫取控制权收益的行为则更为普遍和猖獗。

3. 外部监督机制

外部监督机制是对公司控制权收益内部监督的有效补充。相对于上市公司内部审计和监督机构而言，独立于上市公司之外且无相关利益的外部监督机构能更客观、更有效地对控制权收益的攫取行为进行监督。外部监督机制越健全，外部监督的力度越大，上市公司中攫取控制权收益行为的机会成本就会越高。因此，外部监督机制能在一定程度上抑制上市公司中攫取控制权收益的行为。

4. 控股股东持股比例

如果控股股东本身也是上市公司的管理者，则控股股东持股比例越高，其受到来自中小股东的监督和挑战的可能性越小，其取得的控制权收益越大。如果控股股东不是经营者且不会与经营者串通谋取上市公司的控制权收益，则控股股东的持股比例与管理者所获得的控制权收益呈负相关关系。控股股东持股的比例越高，其监督上市公司管理者的积极性也越高，能力也越强。因此管理者获取控制权收益的难度就更大，反之亦然。

5. 关联交易

控股股东所主导的关联交易越多，则控股股东通过关联交易来攫取控制权收益的机会和可能性就越大；反之，则控股股东获取的控制权收益的机会和可能性就越小。

## 三、控制权收益与公司绩效关系的理论分析与假设

控制权收益在上市公司控制权发生变更的交易中体现得最为明显，原有控股股东和潜在控股股东对公司交易前的经营业绩和交易后的预期经营业绩都会有其评估，交易过程中控制权收益的高低与控制权转移前后的公司经营业绩有着十分密切的关系，因此笔者就控制权收益与上市公司经营绩效提出以下假设。

### （一）控制权收益与控制权转移前公司经营绩效的关系

1. 净资产收益率与控制权收益关系

净资产收益率又称股东权益收益率，是净利润与平均股东权益的百分比，是公司税后利润除以净资产得到的百分比率，该指标反映股东权益的收益水平，用来衡量公司运用自有资本的效率。指标值越高，说明投资带来的收益越高。净资产收益率是反映公司经营绩效的一个重要指标。控股股东能够攫取的控制权收益越高，说明控股股东对中小股东和公司的利益侵占程度越高，投资者获得的净资产收益率相应越低。鉴于此，提出本研究的假设一：

H1：控制权收益与控制权转移前的净资产收益率负相关。

2. 每股收益与控制权收益关系

每股收益指税后利润与股本总数的比率。它是测定股票投资价值的重要指标之一，是分析每股价值的一个基础性指标，是综合反映公司获利能力的重要指标，它是公司某一时期净收益与股份数的比率。每股收益也是反映公司经营业绩的一个重要指标。控股股东能够攫取的控制权收益越高，说明控股股东对中小股东和公司的利益侵占程度越高，投资者获得的每股收益相应越低。鉴于此，提出本研究的假设二：

H2：控制权收益与控制权转移前的每股收益负相关。

### （二）控制权收益与控制权转移后公司经营业绩关系

在控制权转移的交易中，控制权收益水平越高，意味着新的控股股东为获得控制权所付出的代价越大，这样新控股股东在后续的经营过程中会有更大的动力去提升公司绩效，从而用公司收益来弥补控制权交易过程中所支出的成本。鉴于此，提出本研究的假设三和假设四：

H3：控制权收益与控制权转移后的净资产收益率正相关。

H4：控制权收益与控制权转移后的每股收益正相关。

# 第二节　中国民营上市公司控制权收益与公司绩效关系的实证分析

## 一、研究设计

### （一）变量的界定

1. 控制权收益

我国证券市场是伴随着我国计划经济体制向市场经济体制转变的过程逐步发展成熟起来的，在转型经济的外部条件下和我国较为特别的体制环境下，我国证券市场与西方发达国家较为成熟的证券市场有着较为明显的差异性，主要表现在上市公司的股权分置方面。由于我国股票市场中普遍存在的股权分置的特殊性，本研究将前文所述的经典的 BH 模型稍加改进，用来度量我国民营上市公司的控制权收益水平。同时，本研究也对 BH 模型应用于测量我国民营上市公司控制权收益的适用性做一个简要说明。

如前所述，BH 模型适用的前提是在涉及控制权转移的交易过程中，控制权的所有者具有完全的议价能力。在我国证券市场中，上市公司无论业绩好坏，其壳资源都具有重大的价值。由于壳资源的稀缺性，即使上市公司本身经营的业绩不理想，但是在涉及控制权转移的交易过程中，控制权所有者由于掌握着壳资源，在议价过程中占据着绝对优势的地位。特别是最近几年我国证券市场 IPO 基本处于停滞状态，壳资源显得更为稀缺，上市公司的控制权所有者显然是具有完全议价能力的。尽管我国证券市场中涉及控制权变化的股权交易常常会受到证监会和政府的干预，但是总体而言，壳资源的稀缺使得控制权所有者在议价中处于绝对有利的地位。

BH 模型假设股票市场中上市公司股票成交的价格等于控制股东所能获得的控制权证券收益。在我国，整个证券市场的成熟度还不够，股票市场中的交易行为大部分是投机交易，因此股票市场成交的价格往往并不能真实地反映上市公司的价值及控制权的证券收益。而且，如前文所述，我国上市公司中存在一个特殊的现象，即上市公司存在大量的非流通股。非流通股的存在使得不同的持股者在持股成本上出现了巨大的差异，非流通股的持有者往往不关心股票市场中的股价，这就造成了股票市场中的股票交易价格与控制权的证券收益出现明显的背离。

因此，在我国目前的证券市场上，股票交易的市场价格并不适用于BH模型中的控制权证券收益的假设。笔者认为，上市公司的每股净资产可以作为代替股票交易的价格的替代变量。每股净资产能更好地反映上市公司的真实市场价值，在BH模型中能够更为准确地度量控制权收益的水平。选择每股净资产代替股票交易价格的原因主要在于：我国上市公司的股权结构中存在大量的非流通股，这些非流通股常常占控股地位，所以涉及控制权转移的股权交易都是以非流通股转让的方式进行的，而非流通股转让的价格不是由市场决定的，而是由交易双方协商决定的。我国证监会规定，非流通股交易的价格不得低于该上市公司最近一期经审计的每股净资产。通过对我国证券市场中非流通股交易的价格观察发现，目前非流通股交易的定价基本也是以每股净资产作为基本依据的。而且，由于非流通股不能在证券市场上进行交易，因此持有非流通股并不会为控股股东带来由于股价上涨所产生的资本性收益。这样控股股东要提高其在非流通股交易中的交易价格，只能通过提高上市公司的每股净资产。

基于以上原因，笔者认为，使用每股净资产来代替BH模型中的交易股价更适合于我国证券市场中上市公司的基本特征，这样可以将BH模型改进为适合于我国证券市场独有特点的控制权收益计量模型，即 $PBC=\frac{Pex-NAPS}{NAPS}\times\alpha$，其中，Pex为涉及控制权转移的大宗股权交易的协议价格，NAPS为目标公司的每股净资产，$\alpha$为交易股数占总股数的比例。笔者认为，修正后的计量模型在保证了严密推理逻辑的同时，又充分考虑了我国资本市场和上市公司的特殊性。

2. 公司绩效

对于公司绩效的计量有很多种方式，主要包括两大类，一是以公司经营盈余为主要考核对象的财务指标，二是以市场中的股票回报和公司价值为主要考核对象的市场指标。在西方国家，大多数学者对组织绩效的学术研究主要采用托宾Q值或者每股收益等市场指标，也有部分学者使用投资回报率、净资产收益率等会计指标。我国学术界对组织绩效的研究主要倾向于使用财务指标，部分学者也使用市场指标。

财务指标和市场指标在国内外对公司绩效的研究中都被广泛地使用，但两者有明显的侧重点。在时间导向上，市场指标是未来导向的，主要是考察公司未来持续经营和发展的能力，具有一定的前瞻性和预见性；财务指标是历史导向的，主要是考察公司过去的经营成果，具有一定的回顾性和追溯性。在衡量角度上，市场指标主要是从投资者的角度进行衡量的，这种衡量很大程度上受到投资者的个人能力、个人的情绪和价值观及市场机制的有效性等因素的影响；财务指标主要是从会计人员的角度进行衡量的，这种衡量很大程度上是会计人员根据一般公认公允会计准则的相关标准来进行衡量的。

根据我国上市公司的普遍特征及我国市场的一般特点，本研究选择财务指标作为上市公司绩效考核的主要指标。本研究选择了财务指标中最具代表性的净资产收益率和每股收益来评估上市公司的绩效，主要是基于我国股票市场和资本市场的基本现状的考量。

首先，我国资本市场相对而言还不尽成熟和完善。资本市场的成熟和有效是市场指标有效性的前提。在成熟的资本市场中，企业的市场价值才能够用预期未来现金净流量的现值来评估。但是，我国资本市场的现实情况是股权分置、二级市场不完善。在这种外部市场环境下，采用市场指标来评估上市公司的绩效是不合适的。

其次，我国上市公司中普遍存在控股股东持有大量非流通股的现象。股权分置的条件下，股权交易过程中非流通股和流通股的价格体系完全不同，非流通股是通过协议定价的，而流通股则是通过市场竞价来形成最后的交易价格。由于大量存在的限售非流通股，上市公司在股票市场中的股票价格并不能真实地反映全部股权的真实价值。因此，在现阶段使用市场指标来评估上市公司的绩效是不太适当的。

最后，证券市场和监管机构的不完善导致市场中的内幕交易和操纵股价的行为泛滥。在我国证券市场中，内幕交易和控股股东操纵股价的行为经常发生，这些行为使得完善上市公司信息披露制度显得尤为重要，投资者也尤其需要防范投资风险。在这样的环境中，上市公司的股价不能真实地反映出公司的市场价值，市场中的炒作及哄抬股价的行为使股价与公司经营业绩和公司价值发生偏离。所以，从这层意义上看，利用市场指标来评估上市公司的绩效也是不合适的。

综上所述，本书采用财务指标中最为常用的净资产收益率和每股收益两项指标作为民营上市公司绩效衡量的标准，以保证研究结论的可靠性。

（二）研究方法

上市公司中存在的控制权收益与公司经营业绩之间可能存在某种联系，本研究使用控制权收益模型 $PBC=\frac{Pex-NAPS}{NAPS}\times\alpha$ 来衡量上市公司的控制权收益水平，使用财务指标净资产收益率（ROE）和每股收益（EPS）来衡量上市公司的经营绩效水平，运用回归分析的方法建立变量之间的模型。

本研究分两个步骤来进行：

第一步：研究上市公司并购前经营绩效对控制权转移时产生的控制权收益的影响程度，建立回归方程如下：

$$ROE_0=a_1PBC+b_1 \qquad (1)$$

$$EPS_0=a_2PBC+b_2 \qquad (2)$$

其中 PBC 代表控制权收益，$ROE_0$ 代表控制权转移前净资产收益率，$EPS_0$ 代表控制权转移前每股收益，$a_1$、$a_2$ 和 $b_1$、$b_2$ 是参数。

第二步：研究上市公司控制权转移时的控制权收益对转移后公司经营绩效的影响程度，建立回归方程如下：

$$ROE_1=a_3PBC+b_3 \qquad (3)$$

$$EPS_1=a_4PBC+b_4 \qquad (4)$$

其中 PBC 代表控制权收益，$ROE_1$ 代表控制权转移后净资产收益率，$EPS_1$ 代表控制权转移后每股收益，$a_3$、$a_4$ 和 $b_3$、$b_4$ 是参数。

（三）样本及数据

1. 选择样本的原则

研究样本的选取对实证研究的结果会产生较大的影响。为了使本研究的结论更加客观和有效，样本选取过程中主要遵循以下基本原则：

第一，数据的易获性。样本数据必须是公开的、已获得的。只要这样，才能保证研究顺利地开展。本研究选择我国民营上市公司作为样本，符合这一基本原则。本文选择了沪、深两市上市公司中的民营企业作为研究对象。这是因为，相对于国有企业而言，民营企业的控制权收益问题更为典型，且上市公司的经营相对较为规范，数据披露是强制性的，而且是经过审计的，所以公开数据更易于获得，也更客观。

第二，控制权转移。本书研究的主要目的是分析控制权收益与公司绩效之间的关系。而控制权收益在控制权转移的时候体现得最为具体，因此本研究选择的样本都是发生过控制权变更的民营上市公司。

第三，时效性。民营上市公司中发生过控制权转移的企业比较多，但是历史上很多民营企业控制权变更发生的时间过于久远，当时的资本市场环境和经济环境与现时的情况已经不具有可比性，因此本研究选取的样本都是在最近五年之内发生过控制权转移的民营上市公司。

本研究中有关企业控制权转移的交易及公司经营绩效的数据均来自上市公司发布的年报和重大交易的公开声明或者公告。本研究的数据在采集的过程中遵循了客观性原则，使用了上市公司发布的经审计的原始数据，没有对数据进行人为的加工和处理，以保证研究的客观性和真实性。

基于以上各项基本原则，本研究对沪、深两市所有的上市公司进行了数据分析和筛选，样本范围涉及沪、深两市主板和中小企业板的所有上市公司，最终选定符合本研究样本条件的企业为 123 家。在数据收集过程中，部分样本企业的数据不全，无法有效采集；有些样本企业经过了两次以上的控制权转移，本研究只取了最近一次控制权转移作为研究对象，最终经过调整之后的有效样本企业为 90 家（第一阶段）和 101 家（第二阶段）。

2. 样本的分布

在选定的 101 家样本企业中，按照地域分布主要来自于全国的 27 个省或者直辖市，见表 3-1。其中，浙江最多，达 11 家，其他经济发达省份如山东、上海、广东、江苏等样本较多，经济欠发达地区，如西藏、山西、贵州等 11 个省各有 1 家。

**表 3-1　样本地域分布统计**

| 地区 | 浙江 | 山东 | 上海 | 广东 | 江苏 | 辽宁 | 北京 | 吉林 | 安徽 | 福建 | 湖北 | 甘肃 | 河北 | 四川 |
|---|---|---|---|---|---|---|---|---|---|---|---|---|---|---|
| 数量 | 11 | 10 | 10 | 7 | 5 | 5 | 5 | 5 | 5 | 5 | 4 | 4 | 3 | 3 |
| 地区 | 内蒙古 | 宁夏 | 重庆 | 湖南 | 陕西 | 广西 | 贵州 | 海南 | 河南 | 黑龙江 | 山西 | 天津 | 西藏 | 总计 |
| 数量 | 3 | 3 | 1 | 1 | 1 | 1 | 1 | 1 | 1 | 1 | 1 | 1 | 1 | 101 |

样本企业的行业分布也较为广泛，主要分布在电器机械及器材制造业、电子元器件制造业、房地产开发、纺织服装等 20 个行业，详见表 3-2。其中属于房地产开发与经营业的样本最多，达到 19 家。其他各行业分布较为平均。

表 3-2 样本行业分布统计

| 行业 | 数量 | 行业 | 数量 |
|---|---|---|---|
| 电器机械及器材制造业 | 3 | 生物制品业 | 1 |
| 电子元器件制造业 | 8 | 生物制药业 | 1 |
| 房地产开发与经营 | 19 | 石油化工 | 1 |
| 纺织服装 | 3 | 石油加工及炼焦业 | 1 |
| 化学纤维制造业 | 3 | 食品加工业 | 1 |
| 化学原料及化学制品制造业 | 9 | 食品制造业 | 1 |
| 货币金融服务 | 1 | 通信设备制造业 | 2 |
| 计算机及相关设备制造业 | 1 | 土木工程建筑业 | 1 |
| 计算机应用服务业 | 2 | 稀有稀土金属矿采选业 | 1 |
| 建筑装饰和其他建筑业 | 1 | 信息技术业 | 4 |
| 交通运输设备制造业 | 5 | 医药制造业 | 3 |
| 金属材料批发业 | 1 | 仪器仪表及文化、办公用机械制造业 | 1 |
| 金属制品业 | 2 | 艺术业 | 1 |
| 林业 | 1 | 饮料制造业 | 1 |
| 零售业 | 5 | 印刷业 | 1 |
| 煤气供应业 | 1 | 有色金属冶炼及压延加工业 | 1 |
| 煤炭采选服务业 | 1 | 渔业 | 2 |
| 批发业 | 6 | 造纸及纸制品业 | 2 |
| 普通机械制造业 | 1 | 装修装饰业 | 1 |
| 其他通信服务业 | 1 | 总计 | 101 |

## 二、数据分析

样本的描述性统计分析结果如表 3-3 所示。从表 3-3 中数据可见，样本企业的平均资产规模为 76.3 亿元，其中资产规模最大的为宁波银行，达到 3735 亿元，资产规模最小的为 ST 联华，约为 0.2 亿元。

表 3-3 样本描述性统计分析表

| | N | 极小值 | 极大值 | 均值 | 标准差 |
|---|---|---|---|---|---|
| 资产规模（亿元） | 101 | 0.203 2 | 3 735.365 8 | 76.315 42 | 373.665 505 9 |
| 控股股东持股比例 | 101 | 3.89% | 89.41% | 30.29% | 19.83% |
| 上市年限 | 101 | 2 | 23 | 13.74 | 4.953 |
| 交易股权比例 | 101 | 0.25% | 89.41% | 23.76% | 18.56% |
| 控制权收益 | 101 | −31.49 | 29.14 | 0.770 5 | 4.767 76 |
| 交易年每股净资产 | 101 | −2.62 | 9.42 | 2.239 1 | 1.908 23 |
| 成交前平均每股收益 | 90 | −1.050 | .980 | −.000 51 | .345 936 |
| 成交前平均净资产收益率 | 90 | −187.34% | 52.67% | −6.23% | .367 4 |
| 成交后平均每股收益 | 101 | −0.797 | 2.1 | 0.28 163 | 0.445 189 |
| 成交后平均净资产收益率 | 101 | −395.933% | 394.19% | 10.094 23% | .617 2 |

注：成交前平均净资产收益率和平均每股收益部分数据缺失，故有效样本数为 90。

样本企业的控股股东持股比例平均值为 30.29%，其中控股股东持股最高的为银亿股份，达到 89.41%，持股最低的为四环股份，约为 3.89%。

样本企业平均上市的年限为 13.74 年，其中最早的是 1990 年上市的方正科技和博源投资，最晚的是 2011 年上市的万昌科技。

样本企业在导致控制权转移的交易中用于交易的股权比例平均值为 23.76%，交易比例最大的为银亿股份，占全部股权的 89.41%，交易比例最低的为双鹭药业，占全部股权的 0.25%。

样本企业在交易年份的每股净资产的平均值为 2.24 元，其中最大值为恒逸石化的 9.42 元，最小值为中弘股份的 −2.62 元；控制权收益的平均值为 0.77 元，其中极大值为天润控股的 29.14 元，最小值为当代东方的 −31.49 元。

样本企业在交易年份之前的平均每股收益的平均值为 −0.03 元，其中最大值为双鹭药业的 0.98 元，最小值为泰禾集团的 −1.927 元；成交前平均净资产收益率平均值为 −5.6%，最大值为博元投资的 52.67%，最小值为宏发股份的 −187.34%。

样本企业在交易年份之后的平均每股收益的平均值为 0.28 元，其中最大值为金城股份的 2.10 元，最小值为天润控股的 −0.797 元；成交后平均净资产收益率平均值为 10.09%，最大值为金城股份的 394.19%，最小值为当代东方的 −395.93%。

## 三、回归分析与实证检验

将样本数据导入 SPSS 软件进行回归分析，得到模型中（1）、（2）两式的实证分析结果。

控制权收益水平和控制权转移前的每股收益的描述性统计结果及相关变量之间的 Pearson 相关分析结果分别如表 3-4 和表 3-5 所示。表 3-4 的数据表明，成交前 3 年平均每股收益为－0.00051 元，控制权收益的平均数约为 0.81 元。表 3-5 的单尾检验结果表明，在 5%的置信水平上，控制权收益水平与前 3 年平均每股收益呈显著的负相关关系。

**表 3-4　描述性统计表**

| | Mean | Std. Deviation | N |
|---|---|---|---|
| 成交前 3 年平均每股收益 | －.000 51 | 0.345 936 | 90 |
| 控制权收益 | 0.807 2 | 5.049 21 | 90 |

**表 3-5　相关性分析表**

| | | 成交前 3 年平均每股收益 | 控制权收益 |
|---|---|---|---|
| Pearson Correlation | 成交前 3 年平均每股收益 | 1.000 | －.035 |
| | 控制权收益 | －0.035 | 1.000 |
| Sig.（1－tailed） | 成交前 3 年平均每股收益 | — | 0.037 |
| | 控制权收益 | 0.037 | — |
| N | 成交前 3 年平均每股收益 | 90 | 90 |
| | 控制权收益 | 90 | 90 |

控制权收益水平和控制权转移前的净资产收益率的描述性统计结果及相关变量之间的 Pearson 相关分析结果分别如表 3-6 和表 3-7 所示。表 3-6 的数据表明，成交前 3 年平均净资产收益率约为－6.23%，控制权收益的平均数约为 0.81 元。表 3-8 的单尾检验结果表明，控制权收益水平与成交前 3 年平均净资产收益率之间的正相关关系不显著。

**表 3-6　描述性统计表**

| | Mean | Std. Deviation | N |
|---|---|---|---|
| 成交前 3 年平均净资产收益率 | －6.227 333% | 36.742 452 1% | 90 |
| 控制权收益 | 0.8072 | 5.04921 | 90 |

表 3-7　相关性分析表

| | | 成交前 3 年平均净资产收益率 | 控制权收益 |
|---|---|---|---|
| Pearson Correlation | 成交前 3 年平均净资产收益率 | 1.000 | 0.112 |
| | 控制权收益 | 0.112 | 1.000 |
| Sig.（1－tailed） | 成交前 3 年平均净资产收益率 | — | 0.147 |
| | 控制权收益 | 0.147 | — |
| N | 成交前 3 年平均净资产收益率 | 90 | 90 |
| | 控制权收益 | 90 | 90 |

将样本数据导入 SPSS 软件进行回归分析，得到模型中（3）、（4）两式的实证分析结果。

控制权收益水平和控制权转移后的每股收益的描述性统计结果及相关变量之间的 Pearson 相关分析结果分别如表 3-8 和表 3-9 所示。表 3－8 的数据表明，成交后平均每股收益约为 0.28 元，控制权收益的平均数为 0.77 元。表 3-9 的单尾检验结果表明，控制权收益水平与成交后平均每股收益负相关关系不显著。

表 3-8　描述性统计表

| | 均值 | 标准 偏差 | N |
|---|---|---|---|
| 成交后平均每股收益 | 0.281 63 | 0.445 189 | 101 |
| 控制权收益 | 0.770 5 | 4.767 76 | 101 |

表 3-9　相关性分析表

| | | 成交后平均每股收益 | 控制权收益 |
|---|---|---|---|
| Pearson 相关性 | 成交后平均每股收益 | 1.000 | －0.121 |
| | 控制权收益 | －0.121 | 1.000 |
| Sig.（单侧） | 成交后平均每股收益 | — | 0.115 |
| | 控制权收益 | 0.115 | — |
| N | 成交后平均每股收益 | 101 | 101 |
| | 控制权收益 | 101 | 101 |

控制权收益水平和控制权转移后的每股收益的描述性统计结果及相关变量之间的 Pearsdon 相关分析结果分别如表 3-10 和表 3-11 所示。表 3-10 的数

据表明，成交后平均净资产收益率为 10.09%，控制权收益的平均数为 0.77 元。表 3-11 的单尾检验结果表明，在 1%的置信水平上，控制权收益水平与成交后的平均净资产收益率之间存在显著的正相关关系。

**表 3-10 描述性统计表**

| | 均值 | 标准 偏差 | N |
|---|---|---|---|
| 成交后平均净资产收益率 | 10.094 23 | 61.717 548 | 101 |
| 控制权收益 | 0.770 5 | 4.767 76 | 101 |

**表 3-11 相关性分析表**

| | | 成交后平均净资产收益率 | 控制权收益 |
|---|---|---|---|
| Pearson 相关性 | 成交后平均净资产收益率 | 1.000 | 0.370 |
| | 控制权收益 | 0.370 | 1.000 |
| Sig.（单侧） | 成交后平均净资产收益率 | — | 0.000 |
| | 控制权收益 | 0.000 | — |
| N | 成交后平均净资产收益率 | 101 | 101 |
| | 控制权收益 | 101 | 101 |

注：详细输出结果见附录。

## 四、实证研究结论

### （一）控制权转移前净资产收益率与控制权收益

由实证分析数据可知，控制权收益与控制权转移前平均净资产收益率之间的相关系数为 0.112，但是 $p=0.147$，说明二者之间的相关关系不显著。因此，可以认为控制权收益与平均每股收益二者之间并无显著的相关关系。

从 Anova 检验结果来看，整体回归方程的 F 值为 1.119，p 值为 0.293，未达到显著水平，也说明自变量与因变量之间没有显著的相关关系存在。

从模型汇总结果可知，平均净资产收益率与控制权收益的相关系数为 0.112，相关系数的平方值即决定系数为 0.013，校正后的决定系数为 0.001，回归方程的标准估计误差为 0.3672，调整后的 $p=0.293$，仍旧未达到显著水平，再次证明控制权收益与平均净资产收益率之间没有显著的相关关系。

在回归系数的95%置信区间估计值下限为－0.030，上限为0.007，包含了0这个点，也说明自变量和因变量之间未达到显著相关水平。

### （二）控制权转移前每股收益与控制权收益

由实证分析数据可知，控制权收益与控制权转移前平均每股收益之间的相关系数为－0.035，p＝0.037（＜0.05）达到显著水平，因此，可以认为控制权收益与控制权转移前平均每股收益二者之间存在显著的负相关关系。

从Anova检验结果来看整体回归方程的F值为0.106，p值为0.045，达到显著水平，也说明自变量与因变量之间有显著的相关关系存在。

从模型汇总结果可知，平均每股收益与控制权收益的相关系数为－0.035，相关系数的平方值即决定系数为0.001，校正后的决定系数为－0.010，回归方程的标准估计误差为0.3477，调整后的p＝0.045，达到显著水平，再次证明控制权收益与控制权转移前平均每股收益之间有显著的负相关关系。

从系数表的结果可知，本模型的未标准化回归方程为：

$y=0.001-0.002x+e_1$

标准化的回归方程为：

$y=-0.035x+e_1$

在回归系数的95%置信区间估计值下限为0.012，上限为0.017，不包含0这个点，说明自变量和因变量之间达到显著相关水平。

从回归标准化残差的标准P－P图结果来看，样本残差值的累积概率分布几乎是在四十五度斜线上，说明样本观察值符合正态性假设。

### （三）控制权收益与每股净资产收益率

由实证分析数据可知，控制权收益与平均净资产收益率之间的相关系数为0.370，而且p＝0.000达到显著水平，因此，可以认为控制权收益与平均净资产收益率二者之间存在显著的正相关关系。

从Anova检验结果来看整体回归方程的F值为15.685，p值为0.000，达到显著水平，也说明自变量与因变量之间有显著的相关关系存在。

从模型汇总结果可知，平均每股收益与控制权收益的相关系数为0.370，相关系数的平方值即决定系数为0.137，校正后的决定系数为0.128，回归方程的标准估计误差为 57.630 968，调整后的 p=0.000，达到显著水平，再次证明控制权收益与平均每股收益之间存在显著的相关关系。

从系数表的结果可知，本模型的未标准化回归方程为：

$y=6.406+4.787x+e_1$

标准化的回归方程为：

$y=0.370x+e_1$

在回归系数的 95%置信区间估计值下限为 2.389，上限为 7.186，未包含 0 这个点，说明自变量和因变量之间达到显著相关水平。

从案例诊断的结果来看，样本代码为 000 673，000 820 和 002 113 的三个样本的标准化残差分别为−4.366、6.697、−3.279，超出了 95%置信区间允许的正负 1.96 各标准差以外，可能是极端值。

从回归标准化残差的标准 P−P 图结果来看，样本残差值的累积概率分布几乎是在四十五度斜线上，说明样本观察值符合正态性假设。

### （四）控制权收益与控制权转移后每股收益

由实证分析数据可知，控制权收益与平均每股收益之间的相关系数为−0.121，但是 $p=0.115$ 未达到显著水平，因此，可以认为控制权收益与平均每股收益二者之间并无显著的负相关关系。

从 Anova 检验结果来看整体回归方程的 $F$ 值为 1.462，$p$ 值为 0.229，未达到显著水平，也说明自变量与因变量之间没有显著的相关关系存在。

从模型汇总结果可知，平均每股收益与控制权收益的相关系数为−0.121，相关系数的平方值即决定系数为 0.015，校正后的决定系数为 0.005，回归方程的标准估计误差为 0.444 164，调整后的 $p=0.229$，仍旧未达到显著水平，再次证明控制权收益与平均每股收益之间没有显著的负相关关系。

从系数表的结果可知，本模型的未标准化回归方程为：

$y=0.290-0.011x+e_1$

标准化的回归方程为：

$y=-0.121x+e_1$

在回归系数的 95%置信区间估计值下限为−0.030，上限为 0.007，包含了 0 这个点，说明自变量和因变量之间未达到显著相关水平。

综上所述，实证研究的结果证明，假设一和假设四不成立，假设二和假设三成立。即在控制权转移之前，原上市公司的控制权收益与上市公司的净资产收益率之间没有显著的相关关系，而控制权收益与上市公司的每股收益存在显著的负相关关系。上市公司控制权转移前，控制权收益越高说明控股股东可能给中小股东或者上市公司带来的潜在侵害越大，这样就会导致上市公司的经营绩效越低，表现为上市公司的每股收益越低。在控制权转移之后，控制权转移中的控制权收益与控制权转移后的净资产收益率存在显著的正相关关系，而控制权收益与控制权转移后的每股收益之间没有显著的相关关系。上市公司在控制权转移时，控制权收益越高，说明新的控股股东为获得上市公司的控制权所付出的成本越高，说明新的控股股东对公司未来经营的业绩是乐观的且充满信心的，而且较高的控制权转移成本会激发新的控股股东更努力地去提升公司业绩，从而尽快地从上市公司的经营业绩中收回其支出的成本，从而导致在控制权收益较高的控制权转移交易发生之后，上市公司的净资产收益率一般较高。

# 第四章　控制权配置及规制模式的国际比较与借鉴

由于历史、文化、政治、经济和家族势力等多方面因素的共同影响，特别是受市场经济发达程度、证券市场的发展与规范程度及对上市公司监管方式及其程度不同的影响，控制权模式在不同国家呈现出不同的形式，表现出不同的特点。Moerland 提出“二分法”，将世界各国的控制权结构大致划分为两种模式：一种是以日、德等国为代表的组织控制型或网络导向型，也称内部人模式；另一种是以美、英和加拿大等国家为代表的市场导向型，也称外部人模式。Vive（2001)指出，世界各国公司的股权结构大致可归为三种类型：一是市场导向型，以美国和英国为代表；二是银行导向型，以日本和德国为代表；三是关系导向型，以中等发达国家和发展中国家为代表。综合其他学者的研究成果，笔者根据公司所在地域、股权结构比例及控股股东性质将控制权配置划分为英美模式、日德模式和东亚模式。

## 第一节　上市公司控制权配置模式的国际比较

### 一、英美模式

19 世纪中后期，随着技术的进步和生产力的飞速发展，英美现代公司也快速形成。科技的进步导致了公司规模的迅速扩大，客观上急需一个产业组织将众多劳动力和资本等生产要素集中起来，这种条件下催生了股份公司。

随着经济的发展、公司经营范围和规模的扩大，催生了职业化的经理人阶层。经理人阶层的出现加快了所有权与经营权的分离。而且，英美等发达国家成熟的证券市场和新美国法律体系也推动了公司治理模式和股权结构的发展和进步。随着公司制企业的发展及相关法律法规和证券市场的完善，英美等发达国家逐渐形成了具有自身特色的公司控制权配置模式。

由于政治、经济、法律、文化等方面的相似性，英国和美国的公司控制权配置模式也表现出了一些相似的特征，即两国的公司控制权配置模式均表现出较强的市场化特征。这种市场化的公司控制权配置模式产生于公司控制权比较分散的环境中，公司控制权的行使具有较高的自由度，受政府的影响较小，因而容易出现控制权失控的情况。所以，这种控制权配置模式的运行往往依赖于高效的资本市场，以便监督和激励公司的管理者。同时，外部市场在公司治理中发挥着重要的作用，而政府一般通过财政和货币政策两大杠杆进行宏观经济的调控，通过提供基础设施和公共服务直接介入经济活动，以及在自由公平竞争的原则下对市场机制进行管理等手段，间接地引导和影响公司的经营决策行为。

英美模式的特点主要表现在以下方面：第一，公司股权结构以机构投资者持股为主，机构投资者主要是指投资基金、信托、保险公司和商业银行等。据统计，20 世纪 50 年代，机构投资者在美国企业中持股的平均比例约为 10%，到了 70 年代中期这一比例接近 30%，到 80 年代中期进而扩展到 40%，进入 90 年代则首次超过个人股东而成为美国企业的主要持股来源。目前，美国的主要大公司中机构投资者持有的股权达到六成以上。以机构持股为主体的英美模式与以法人持股为主体的日德模式存在着显著差别（详见表 4-1）。第二，股东利益最大化是公司的首要目标。经理人的最终目的是实现股东的利益最大化，而雇员、银行、社区等利益相关者的利益并不是经理人主要关心的方面，如果经理人违背了这一基本原则就会受到股东的严厉惩罚。第三，股东大会、董事会和经理人能形成相互制衡的控制权结构，控制权不会过分集中在某一方手中从而滋生损害其他股东利益的投机行为。第四，控制权的转移能够弥补董事会的某些缺陷。如果由于公司管理层经营不善导致公司经营效率不高，说明董事会没有对管理层进行有效的监督，股东将会“用脚投票”其持有的公司股票，从而导致公司股价下跌；当外部投资者了解了股票价格下跌的真实原因以后，或者发现如果对公司管理层的有效监管将提升公司价值时，那么这些外部投资者就会在证券市场上收购该公司的股票从而获得对该公司的控制权，然后以公司股东的身份对董事会和管理层进行改组和重新聘任。

英美模式的优势主要表现在以下方面：第一，企业股权分散在机构和个人投资者手中，他们对公司经营管理决策的影响较小，并且他们的持股性质、目的和行为使得他们更加注重企业在证券市场上的股价，这样就使得企业管理层在进行经营管理时更多地考虑公司在证券市场上的表现，这有利于提升企业发行在外的股票的市值所代表的公司价值。第二，机构投资者持股比个人投资者持股有利于提升企业长期价值。因为各类机构股东比个人股东持股稳定，能更积极地参与公司决策，更关注企业长期价值。第三，股东利益至上原则和健全的控制权市场促使管理层从股东利益最大化出发进行经营决策。

英美模式对公司价值也有不利影响，体现在：第一，发达的公司控制权市场和公平竞争的职业经理人市场迫使企业管理层提交让股东满意的经营管理成绩，这样使得管理层在制定公司发展战略时更追求短期利益，不重视研究开发、长期股权投资等长期利益行为。第二，英美职业经理人制度使得经理人员发展了越来越多的反接管措施，大幅增加了接管成本，削弱了外部治理方式对管理层的约束力量，这也是近年来美国上市公司频频爆出财务丑闻的一个重要原因。第三，企业融资成本较高。股权融资成本高于银行贷款融资，英美模式下的股利支付率要高于日德模式。

## 二、日德模式

日德模式最具代表性的国家是德国和日本。与英美的市场化模式不同，日本和德国的公司控制权配置呈现出典型的银行主导型特征。日德模式的产生具有其独特的历史背景。第二次世界大战后，德国、日本两国的国民经济都保持了惊人的发展速度；德国和日本两国企业深受政府、工会、管理机构或银行的影响；两国的证券市场相对保守。这种特殊的历史背景导致了公司对银行资本的依赖，也进而形成了日本、德国两国的银行主导型的公司控制权配置模式。在德国，公司的股权集中度普遍较高，大多采用“监事会—管理委员会”的双重控制模式，监事会主要负责审核公司的投资计划、监督管理委员会的工作及审核和评价管理委员会的成员，但通常不参与公司的日常经营运作活动，而管理委员会则由公司的高级管理人员组成，主要负责公司的日常经营运作活动。在日本，公司往往具有一个较大规模的董事会，董事会成员主要是本公司内部的高级管理人员，此外也有少数董事来自同一财团的其他公司或银行，这意味着公司的总裁实际上拥有任命公司董事的权力，进而事实上掌握着公司的实际控制权。这种类似的公司控制权配置模式使得主要银行的大股东和公司管理层之间的关系成为影响公司治理效率的主要因素。这是因为，主要银行的大股东与公司管理层之间的长期稳固的信息共享和默契关系在一定程度上降低了公司的代理成本，投资者直接影响而不是通过市场间接影响公司的高层管理者，使得对公司高层管理者的监督更有力，银行系统的参股也使得对公司的金融监督更有效，降低了公司的融资成本。

具体地，日德模式的特点表现为：首先，企业法人之间交叉持股较为普遍，交叉持股的目的并不是获取企业的控制权或者投资收益，而是巩固与关联企业之间的业务联系，通过交叉持股建立牢固的合作关系进而保证企业的利润；而且，由于各法人股东并不关心所持股企业的收益水平，因此股东对管理层的监督和控制相对较弱，企业控制权主要由管理层掌握，管理层在经营过程中通常具有较大的自由度。企业中形同虚设的股东大会、董事会和监事会等并没有发挥应有的监督和控制功能。其次，银行在很大程度上主导了公司的治理结构。德国银行多为全能银行，银行在公司治理中经常发挥着主导性作用。例如，德国银行往往是其发放贷款企业的唯一金融服务机构，他们在贷款企业中可以行使股东的权益，可以代表贷款企业的抵押股权行使投票权，甚至安排专门的职员或者银行雇员本身进入贷款企业的监事会行使权力。在日本，商业银行与企业之间通常会建立长期、稳定的合作关系，这些商业银行虽然不直接控制公司股权，但是通过间接的方式也可以获得对公司的实际控制权。日本上市公司法人治理结构中最典型的特点是相机治理，它是指作为可能控制公司的两个利益相关主体即股东和经理人，他们对公司的控制权是处于动态博弈的过程之中的，公司财务状况的变化可能引起公司控制权的转移。在公司的财务状况处于健康水平时，经理人掌握公司的控制权，以银行为主体的法人股东仅仅对公司的经营管理给予必要的监督；反之，当公司的财务状况出现问题的时候，以银行为主体的法人股东为了有效地扭转公司的财务状况而接替经理人直接参与公司的管理决策，行使对公司的控制权。最后，在日德模式下企业的融资成本较为低廉。通过向银行借贷产生的贷款融资相比较从证券市场或者其他的融资渠道进行融资而言，具有较明显的成本优势；而且，通过法人相互持股的形式，企业支付的股利大大低于外源融资的成本。

日德模式的优势主要体现在以下方面：第一，企业法人交叉持股有助于形成大型的企业机关，银行的主导型促进了银行与企业之间的良性互动，这样有利于巩固企业间的合作关系，有利于形成银行与企业间的长期稳定关系，有利于公司形成良好的外部环境，从而实现公司价值的最大化。第二，交叉持股的企业法人通常不是以持股的目标公司获取收益为目的，而是为了形成牢固和稳定的合作关系，这样有利于企业形成长期取向的价值观，促使经营行为以公司的可持续发展和长期价值最大化为目标，减少由于企业控制权频繁更替造成的经理人短期利益最大化的投机行为，也减少了由于并购和控制权转移给经理人带来的短期绩效的压力。第三，交叉持股有利于降低委托代理中的监督成本，有利于公司价值的最大化。在德国，企业经营中占据重要地位的监事会由银行代表、公司雇员等重要的利益相关者组成，这样就容易形成雇员、银行、经理人三足鼎立、相互制衡的局面，降低了公司完全被经理人控制的可能性。在日本，大部分企业的主要股东是银行和企业法人。相对公司其他一般股东而言，银行对于宏观经济的把握和对公司经营状况的了解具有很强的专业性优势，能够有效地减少经理人的短期投机行为发生的可能以及大幅降低委托代理中的监督成本；法人股东与企业之间是基于牢固而稳定的业务关系而交叉持股，因此他们之间更容易形成互利互惠的战略合作关系，这使得经理人的行为也处于法人股东的监督之下。第四，降低融资成本，提升公司价值。由于股权融资的成本相比较外源融资有较大的成本优势，因此日德模式往往会有效降低公司的资金成本，提升公司的营利性和价值。

当然，日德模式也存在一些负面的效应：第一，由于企业法人间相互交叉持股，容易造成谁都可以管而谁都没有管的尴尬局面，这样给经理人的机会主义行为提供了滋生的空间。第二，由于银行和企业法人是公司股东的主要组成，证券市场的融资功能没有得到充分的发挥，公司的股价也不能准确地反映公司的真实价值。

表 4-1　日德——英美控股权结构的比较分析

<table>
<tr><th colspan="4">比较指标</th><th>德日模式</th><th>英美模式</th></tr>
<tr><td colspan="4">别称</td><td>银行主导型</td><td>市场主导型，信息披露基础，股东治理模式</td></tr>
<tr><td colspan="2" rowspan="6">股权结构特点</td><td colspan="2">集中度</td><td>股权集中</td><td>股权分散</td></tr>
<tr><td colspan="2">控股股东</td><td>法人互相持股</td><td>机构持股</td></tr>
<tr><td colspan="2">持股性质</td><td>最终投资者</td><td>受托投资者</td></tr>
<tr><td colspan="2">持股目的</td><td>加强资本和业务关系，不以股票投资收益为目的</td><td>以股票投资收益为目的</td></tr>
<tr><td colspan="2">持股行为</td><td>稳定性高，周转率低</td><td>稳定性较差，周转率较高</td></tr>
<tr><td colspan="2">股价特性</td><td>股价容易涨，与经济相关性弱</td><td>股价较为合理，与经济相关性强</td></tr>
<tr><td colspan="4">融资成本</td><td>相对较低，股利支付率低，资产负债率高</td><td>相对较高，股利支付率高，资产负债率低</td></tr>
<tr><td colspan="4">管理层经营行为</td><td>注重长期业绩和利益</td><td>注重企业短期业绩和利益</td></tr>
<tr><td colspan="2" rowspan="2">政法体制</td><td colspan="2">政府定位</td><td>间接管理，行政指导</td><td>宏观调控</td></tr>
<tr><td colspan="2">法律框架</td><td>德国法系，完善</td><td>英美法系，完善</td></tr>
<tr><td rowspan="5">市场机制</td><td rowspan="4">生产要素市场</td><td rowspan="2">证券市场</td><td>有效性</td><td>较低</td><td>较高</td></tr>
<tr><td>控制权功能</td><td>不太发达</td><td>很发达</td></tr>
<tr><td colspan="2">银企关系</td><td>主银行和全能银行，间接融资为主</td><td>银行对企业无控制关系，证券市场直接融资为主</td></tr>
<tr><td colspan="2">经理人市场</td><td>较发达</td><td>很发达</td></tr>
<tr><td colspan="3">产品市场</td><td>完善</td><td>完善</td></tr>
</table>

## 三、东亚模式

不同于英、美、日、德等国家，以中国港澳台、韩国、日本为代表的东亚国家或地区的很多公司都是以家族为根基建立并发展起来的，家族成员往往是公司的控股股东，事实上拥有公司的实际控制权，因而在公司控制权的配置上具有鲜明的家族烙印。家族式控制权配置模式往往是按照以血缘关系为纽带的家族成员进行权力配置的，以此为脉络构建的董事会因而也受到家族的控制，家族及其控制的高级管理层在公司的运营中拥有绝对的主导权和控制权。

以中国港澳台、韩国、日本为代表的东亚地区的企业的股权结构主要有两个显著特点：第一，企业家族化程度高，家族成员控制着大量企业；第二，家族成员通过金字塔式的股权结构、交叉持股及其他方式来加强企业的控制权。市场导向型和银行导向型并重是东亚地区家族企业常见的治理结构。西方学者对东亚地区的9个国家或地区的2980家上市公司进行研究发现，家族成员和政府是最为常见的两种控股股东。以中国香港和印度尼西亚为例，其家族成员控股的比例超过2/3，其他如中国台湾、中国澳门、马来西亚及泰国等家族成员控股的比例也在50%左右。由此可见，家族成员牢牢掌握公司的控制权是东亚地区企业股权结构的典型特征之一。另外，由于公司的高级管理层直接受制于公司的控股股东，控股股东与高级管理层的利益基本一致，部分抵消了由于所有权与经营权分离所产生的委托代理问题。

东亚国家或地区的家族式控制权配置模式中的家族企业具有多重意义，它既是经济实体，又是伦理组织，是企业与家族的统一体，因而这种家族式的控制权配置模式具有代理成本较低、决策效率较高、内部交易成本低等优势。这些优势在家族成员控股企业发展初期往往有较为突出的显现。但是，当家族企业发展到一定阶段之后就会暴露出许多局限性，如大股东依靠其掌握的控制权侵害中小股东的利益，企业由于缺乏外部监管和内部控制而面临高风险等。

## 四、我国上市公司的控制权配置

在我国，公司控制权配置面临两个难题：一是控制权向股东的偏离；二是控制权向管理层的偏离。鉴于我国众多公司的特殊历史背景，国有股的控股现象比较普遍，这使得公司控制权向大股东偏离的现象较为严重。鉴于上述问题的存在，再加之改革开放后我国公司制的发展历史较短，我国的公司控制权配置尚处于探索阶段，缺乏清晰或典型的特征，并未形成自己的独特模式。我国现有的法律在企业控制权配置、企业控制权的行使条件设置上主要是摒弃了我国在计划经济体制下按投资者所有制性质立法的传统思路，改为按投资者责任性质与企业组织形式立法，这主要体现在《中华人民共和国公司法》（以下简称《公司法》）、《中华人民共和国合伙企业法》和《中华人民共和国个人独资企业法》等法律之中。《公司法》就公司制企业的控制权配置和公司控制权行使条件等进行了规范。总体而言，有限责任制度是我国《公司法》中的一项重要制度，它建立在公司与股东分离的根基上，是有限责任制度存在的合法基础。公司与股东的分离有两种表现：一是股东财产与公司的分离；二是公司经营与股东的分离。我国的法律法规对此做了较为详细的规定，这些规范的立法主旨就是在公司与股东及其他利益相关者的冲突中构建合理有效的平衡机制，进而保障公司利益相关者的平衡与协调。我国现行法律法规在构建平衡公司与股东及其他利益相关者利益的机制上，主要借鉴了日德模式的监事会制度，也引入了英美模式的独立董事制度，并较好地实现了两者的衔接，使得监事会在权力的配置中监督力有所加强，独立董事也能起到较好的监督作用。

但是，我国在公司控制权配置过程中仍存在一些典型的问题：首先，从股权分配上来看，大中小股东间存在权重的偏差。大中小股东间存在权重的偏差主要是指公司的大股东控制权偏重，而中小股东基于权力偏小而时常怠于行使其权力。其次，从组织结构上来看，独立董事作用甚微。韩国和日本在独立董事制度的借鉴和引入上与我国的情况比较接近。独立董事无法发挥有效作用似乎是通病，造成此问题的症结是独立董事的独立性无法保障，其大部分受大股东影响和控制，很难真正有效地代表中小股东利益。最后，从组织监督上来看，公司监事会的监督职能得不到保障。在跨国公司的公司章程中监事会的权责虽然比较明确，但缺乏实践刚性，与此对应的就是监督乏力，这对组织体系庞大的公司来讲，负面效应尤其严重。这些问题的存在，与相关法律法规的不健全、公司股权结构与公司治理结构的不合理、控制权交易市场与职业经理人市场的不完善、上市公司信息披露制度存在缺陷以及政府对资本市场和上市公司的监管不到位等，均存在密切的关联。

## 第二节　国外上市公司控制权收益规制的比较

### 一、英美对控制权收益的规制

#### （一）英美关于控股股东关联交易的规制

美国特拉华州公司法一直是美国公司法的风向标，特拉华州制定的关于控股股东关联交易的规制也成了英美关于控股股东关联交易规制的基本依据。

美国公司法认为，关联交易可以划分为“企业经营型”和“所有权益型”两种不同类型。“企业经营型”的关联交易主要是指公司日常的经营性关联交易行为，如原材料采购、产成品销售等；“所有权益型”的关联交易主要是指涉及公司并购或控制权变更的关联交易行为，如修改公司章程、进行重大公司并购或者变更实际控制人等。这两种类型的交易对公司及中小股东权益的影响程度不同。公司中的控股股东根据其持股的比例可以划分为绝对控股股东和相对控股股东，这两种控股股东对公司的控制程度也是不同的。美国公司法指出，当控股股东正当地行使其股东权利时，控股股东无须承担任何义务；当控股股东超越股东角色，具有完全支配交易谈判并且操控交易的能力，可能会牺牲公司利益而攫取控制权收益时，就需要承担受信义务。“企业经营型”交易在美国属于一般商业行为，监管机构和司法机构不会轻易涉足，即使涉足也只是进行简单的形式审查；“所有权益型”交易则通常直接涉及股东左右所有者的基本利益，会在本质上对其股东身份和合法权益产生影响，因此美国的监管部门和司法部门必须就关联交易对公司及中小股东是否具有公平性对“所有权益型”关联交易进行实质审查。由此可以看出，美国的监管部门和司法部门对于绝对控股股东和相对控股股东进行的“所有权益型”都有严格的实质性审查，而对于绝对控股股东和相对控股股东的“企业经营型”关联交易进行形式审查。在美国，对于控股股东关联交易的审查一般可以采取“商业判断规则”或者“实质公平规则”。在审查控股股东的关联交易之前，监管部门或者司法部门会重点考察控股股东是否通过交易行为侵害了中小股东利益，牟取不正当控制权收益。监管部门或者司法部门在审查中使用实质公平的原则，主要包括公平交易和公平价格。公平交易强调整个交易过程要公平，即在交易的发起、谈判、结构和达成时间，以及信息披露和审批程序等方面要公平；而公平价格是指交易最后达成的价格或价格对双方而言是公平的，其评价主要考察公司的净资产、市场价值、发展前景等可能影响到公司股份内在价值的因素。

### （二）英美关于控股股东信息披露的规制

英美证券市场经过多年的发展，已经形成了非常完善的信息披露规制。英美公司法中对特定人士信息披露以及对董事、高级管理人员的严格规定，同样适用于控股股东。

第一，特定人士信息披露。美国 1934 年《证券交易法》第 16（a）条明确指出：所有高级管理人员、董事以及持有任何类型 10%以上股权的受益人，应在成为高级管理人员、董事及受益人之日起 10 日内向证券交易委员会披露该等信息，在持有发行公司股票的数量发生变化时，也必须在规定的期间内向 SEC 披露该等信息；发行公司以外的任何人直接或间接取得某种股票 5%以上的股份时，必须按照第 13（d）条的规定，在到达临界点之日的 10 天内向 SEC 提交信息披露文件，发行人若直接或通过其附属公司购回自己的股票也应做类似的披露。从这两个条款可以看出，美国法律对特定人士信息披露有着严格的要求。

第二，萨班斯—奥克斯利（Sarbanes－Oxley）法案。萨班斯—奥克斯利法案是美国证券立法史上最为苛刻的一部证券法律。该法案第 409 条款在 1934 年《证券交易法》的基础上强调了及时信息披露制度，并且对信息披露中的重大事件的衡量标准做了补充。这些规定使得控股股东攫取控制权收益的行为受到严格的监管。该法案第 906 条款明确指出，如果公司的管理层涉及参与提供违规的财务报告，对管理层需要追究一定的刑事责任。将管理层行为结果从民事责任提升到刑事责任，大大提高了上市公司管理层的违规成本，起到了很强的震慑作用，有助于督促上市公司管理层诚实地履行义务，真实地进行信息披露。

由此可见，英美等国家对于上市公司的信息披露有着非常严格和具体的要求。不仅要求上市公司的管理层主动披露持股情况及身份，而且要求管理层必须保证信息披露的真实性。上市公司管理层如果由于违规信息披露而侵害公司及中小股东的合法权益，将会面临严峻的民事和刑事处罚。

## 二、日德对控制权收益的规制

20 世纪以来，企业聚集形成集团化成为现代企业发展的一个显著趋势。面对集团化的集中趋势，德国在 1965 年对《股份公司法》进行了修订。在该法的第三编，创立了全面的、自成体系的“康采恩规则”。该法正式提出了关联企业，并对关联企业的行为进行了具体的法律规定，其目的在于平衡控制企业与从属企业、控股股东与中小股东之间的利益冲突。德国《股份公司法》第 311—318 条是“康采恩规则”的核心内容，明确提出了控制企业不能为了其自身利益或者企业集团的利益而损害从属公司的合法权益，从而侵害从属公司中小股东及利益相关者的合法权益。“康采恩规则”的主要内容包括以下几个方面。

### （一）限制或禁止不利影响与负有赔偿或补偿的责任

德国的《股份公司法》中规定，如果关联企业之间没有设立控制性合约，控制性一方不得对处于从属地位的另一方施加压力，使从属一方做出不利于公司本身或者其股东的行为或者不作为；如果产生类似的行为，控制性一方需要对处于从属地位的一方做出赔偿或者对从属一方提前进行必要的补偿。这一规定充分体现了对关联公司中处于从属地位的一方的有效保护。控制性一方的公司有义务对从属一方的利益损失做出补偿或者赔偿，而且控制性一方的负责人也负有连带补偿责任或赔偿责任。德日关于限制或禁止控制企业对从属企业施加不利影响与负有赔偿或补偿义务的规定，本质上是源于欧盟各国所采纳的本质上的董事观念，即将处于控制性一方的母公司当作是处于从属地位子公司的正式董事，该董事在违反受托人义务时应当负担责任。但是，事实上“康采恩规则”下的处于控制性一方的损害行为往往是较为复杂和隐蔽的，这使得追究控制性一方的赔偿或补偿责任以及对这一行为进行举证和界定存在较大的困难。为了使这一规制具有更强的可操作性，德国又推出了“推定关系企业”理论，规定由控制性一方进行举证，即处于控制性的母公司只有充分证明处于从属地位的子公司一方所遭受的损失并非由母公司的行为引起，才可以使其免除责任。

### （二）限制和解或放弃请求权

为了对控制企业及其负责人的责任进行有效规制，《股份公司法》规定，从属公司不得轻易放弃对于控制性一方企业或其负责人的赔偿请求或与控制性一方达成和解；达成和解或者放弃赔偿请求只有在同时满足以下条件时才能生效：（1）应赔偿的事实发生 3 年后；（2）经外部股东特别决议的同意，并且决议时没有代表参与决议的股份总额 1/10 的股东表示反对。这一规定的目的在于避免处于从属地位的子公司迫于压力达成和解或放弃请求权，被迫放弃或者牺牲自己的合法权益。

### （三）要求编制关系报告书

为了减小信息的非对称性，让中小股东更加了解公司的真实经营状况和明确处于从属地位的子公司是否因为受到来自控制性一方母公司的压力而蒙受损失，以及处于从属地位的子公司是否得到了充分而有效的赔偿或补偿，德国和日本还制定了关系报告书制度。该制度规定，处于从属地位的子公司董事会应在会计年度的第一个季度内，提交公司与关联公司的详细关系报告书。报告书内必须对上一年度公司与控制性的母公司和其他关联企业间的主要法律行为，以及因控制企业的促使或为其利益而采取的一切措施或作为。此外，报告书还应该对在法律行为中所谓的给付和对待给付、采取措施的理由和对公司的利益及不利影响进行说明。而且，该报告书还应该说明控制性母公司对从属的子公司进行补偿或赔偿的情况。报告书的编制应当符合会计的诚信忠实原则，并且应当交由决算审查人和监事会进行实质审查，并给出审查意见，最后有关意见须提交股东大会，以供投资者查阅。对于编制报告书的董事、负责审查的决算审查人以及监事，如果违反职责，未尽注意义务的应当承担相应的责任。

## 第三节　国外上市公司控制权收益规制的启示

### 一、有效地配置公司的控制权是规制控股股东控制权收益的前提

计划经济体制下，我国企业的控制权完全由政府或者其代表机构所拥有。改革开放以后，随着政企分离的逐渐深入，政府在许多企业中渐渐退出。目前，我国国有企业的股权结构中国有股仍旧占据控股地位；民营企业的股权结构中则主要是由家族成员占据控股地位。我国企业股权结构的另一大特点就是企业法人和机构投资者很少占据控股地位。而且，由于我国的监督机制不尽完善，因此在上市公司中控股股东侵占中小股东权益的现象还大量存在。

在我国从计划经济向市场经济转型的特定历史时期，由政府或家族成员占据控股地位的股权结构发挥过重要的作用，主要表现在：（1）简单而清晰的产权结构有利于控股权的稳定和企业的可持续发展，减少由于股权纠纷而

导致的无谓消耗；（2）集中的决策权有利于提高决策的效率和克服股东之间相互推诿的现象发生；（3）主营业务更为集中，能有效避免盲目多元化所带来的资源浪费；（4）家族控股型企业创立之初的核心团队成员往往具有突出的个人能力；（5）家族控股型企业家族成员间由于血缘纽带而产生的凝聚力和忠诚度具有先天的优势。

我国国有股和家族成员占据控股地位的股权结构虽然在特定的历史时期发挥过重要的作用，但是在目前的市场经济环境下，这种股权结构不利于企业的市场化行为的充分发挥，也不利于企业有效地利用社会资源和金融市场来实现公司价值的最大化，同时也为控股股东获取控制权私人收益提供了一定的便利。

发达国家的控制权配置的经验有很多值得我们借鉴的地方。一方面，可以适当降低股权集中度，缩小控股股东与中小股东之间的实力差距，这样可以加大控股股东攫取控制权收益的难度。另一方面，可以提高法人股东和银行等金融机构股东的比例，这样可以对控股股东形成一个有效的监督和抑制作用，从而减少控股股东攫取控制权收益的行为。通过以上的控制权配置的调整，可以克服我国目前控制权配置中存在的一些问题，主要表现在：（1）股权过于集中使得决策缺乏广泛的民主性，这样决策失败的风险就大大增加了。公司在创立之初面对相对较为简单的外部环境之时，由领导者个人集中决策速度快，反应灵活，效率较高，但是随着公司规模的扩大，公司所面临的外部环境也越来越复杂，个人由于其信息量的局限性及个人视野和能力的局限性，其决策的科学性和有效性将大大降低，从而导致个人决策的风险大大提高。（2）股权过于集中导致监督不足，从而使中小股东的利益得不到有效的保障。掌握控制权的控股股东往往倾向于采取个人收益最大化的自私行为，这些行为往往是以侵害中小股东的利益为前提的。（3）股权过于集中使处于非控股地位的股东们缺少参与企业经营的动机，这进一步侵占了中小股东本应获得的控制权。（4）股权结构过于简单化使得社会中的机构投资人和其他投资人难以成为公司股东，这种股权结构不利于公司进入金融市场进行融资活动。

## 二、规制控股股东控制权收益需要有效地控制关联交易行为

美国对上市公司之间的关联交易审查非常严格，各项规制也非常完善。

英美模式中对上市公司关联交易的审查核实制度以及对关联交易的举证责任制度都是值得我们借鉴的。

目前，我国对上市公司控股股东所进行的关联交易的审查主要是进行事前审查与事中披露。我国可以借鉴英美模式的经验，制定审查关联交易的明确标准，还可以借鉴英美模式中关联交易的举证制度，使得中小股东在涉及关联交易的经济活动中能更有效地维护自身合法权益。我国对上市公司关联交易也制定了相应的披露制度，规定控股股东在信息披露方面相应的责任和义务。但是我国目前的这些规定重处罚，措施不够严厉，而且操作性不足。例如，我国对信息披露中的违规行为主要是给予行政处罚，或者是对违反规定的公司或者高层管理人员给予最高不超过60万的经济处罚；而且，在实际操作中对于滥用控制权的行为以及违规披露行为的处罚很难落实，处罚力度过轻，对违规甚至违法行为很难形成有效的震慑作用。因此，可以考虑借鉴英美模式中有关违规信息披露的处罚措施，对涉及违规信息披露的控股股东以及高层管理人员增加刑事责任处罚。只有一方面提高在经济方面的处罚力度，另一方面甚至进行刑事处罚，才能有效提高相关公司和个人的违法成本，起到有效的震慑作用，从而从根本上限制攫取控制权收益的违规或者违法行为，切实保护中小股东的合法权益。

### 三、规制控股股东控制权收益需要建立强制性信息披露制度

德日模式下主要依托《股份公司法》来规制关联企业中处于控制地位的母公司所产生的不当行为。德日模式通过对母公司的各种限制，并且推出母公司的赔偿或补偿制度，使处于控制地位的母公司不能轻易侵占子公司或者其他中小股东的合法权益。我国目前的情况是处于控制地位的母公司和处于从属地位的子公司是独立的法人单位，它们彼此独立承担法律责任，母公司行为造成子公司损失的，母公司不需要承担子公司的亏损。因此，德日模式中事实上的“康采恩规则”对我国上市公司控制权规制具有较强的借鉴意义。基于德日模式的“康采恩原则”，我国应明确规定控股股东对公司和中小股东合法权益侵害的赔偿责任，由于处于从属地位的子公司或者是中小股东属于弱势群体，应规定由控股股东或者处于控制地位的母公司承担损害的举证义务。由于我国的子公司大多处于母公司的强力控制之下，处于控制地位的母公司常常会利用其掌握的控制权将子公司的利润输送给母公司，所以有必要

对处于从属地位的子公司提出和解或放弃请求权加以限制，以限制控制公司的非法意图获得非法利益、损害从属子公司股东利益。关系报告书制度是强化信息披露的有效措施，能及时地披露处于控制性地位的母公司和处于从属地位的子公司之间的各项关联交易，从而对规制控股股东滥用控制权行为产生很好的规制作用。这也是非常值得我们借鉴的。

# 第五章　中国民营上市公司控制权收益的规制策略

## 第一节　民营上市公司控制权收益的法律与政策规制

近年来，我国资本市场改革不断加深，股权分置得以顺利推行，公司法、证券法等相关法律法规也得到了逐步的修订和完善。这些举措从制度层面对我国资本市场的发展起到了巨大的推动作用，我国的资本市场环境也越来越成熟和完善，这将对上市公司的股权结构特征及控制权的规范产生重大影响。公司治理的核心问题是控制权问题，控制权结构在很大程度上决定着公司治理的效率和效果。上市公司的经营性活动其实是对控制权运用的实际体现，这些经营性活动中的大多数都是控股股东为了获取控制权收益而主导实施的。然而，我国目前还处于经济转型中。在这样的外部环境下，资本市场存在很多制度层面不成熟及结构层面不合理的地方，这样就导致了对于控股股东攫取控制权收益的行为的监管存在许多漏洞和不力的地方，而且这一现状在短期内还将继续存在。因此，从宏观政策上对控制权收益攫取行为的监督和限制是一项长期而艰巨的任务。从上文的理论分析和实证研究的结论可以发现，目前我国资本市场在深化改革的特定历史背景和转型经济的客观环境下，民营上市公司的股权结构及控制权结构存在不合理的因素，民营上市公司内部治理效率低下，而且外部的监督和治理机制还存在许多缺位和缺陷。在这样的背景下，虽然不是所有的民营上市公司都存在严重的攫取控制权收益的行为，但是相当数量的上市公司中由于攫取控制权收益而使得公司的长期目标和中小股东的权益受到严重损害的现象是客观存在的。这种攫取控制权收益行为的存在对我国上市公司控制权转移机制的有效运行及投资者对于资本市场的信心都会带来严重的冲击。因此，如何建立成熟高效的市场机制和公平完善的法律体系，营造健康的资本市场投资环境，进一步响应中共中央十八届三中全会提出的关于加大市场在资源配置中的主导作用，培育成熟完善的市场机制，加强对控股股东的监管，有效限制侵害中小股东合法权益的行为，成为目前我国资本市场所面临的重大课题。本章以前文研究的结论为基础，从相关法律法规、信息披露制度、外部监督监管及诚信制度建设等方面，提出规范资本市场的投资行为、限制我国民营上市公司中控股股东攫取控制权收益的宏观政策建议和具体措施，希望以此可以作为相关政策制定部门参考的依据，切实保护好中小股东的合法权益，从制度上对我国资本市场的健康发展提供有效的保障。

## 一、完善相关法律法规

完善的法律法规是抑制控股股东隧道行为、保护中小股东利益的根本保证。目前，我国民营上市公司的内部治理机制尚不成熟，也不规范。在这种环境条件下，外部法律法规的监督是规范控股股东行为、保障投资者合法权益最有力的保证。国外学者在相关研究中也已经证实，国家对于投资者保护力度的强弱与上市公司中的控制权私有收益规模存在相关关系。一般来说，法律法规越完善，对投资者的保护程度越高，资本市场中的控制权私有收益的水平越低，反之亦然。在许多欠发达国家和地区，就是由于投资者法律保护体系不完善造成中小投资者的合法权益得不到有效保障，从而使得投资者对资本市场的信心大减，造成资本市场的恶性循环。虽然目前我国正在制定一系列的法律法规来保护中小投资者的合法权益，但是相对于西方发达国家和发达资本市场而言，我们在这方面还有很大的差距，我国在投资者的保护方面还存在明显缺陷（Allen 等，2005）。鉴于目前我国对于中小股东合法权益保护的相关法律法规还存在很多缺陷，对控股股东攫取控制权收益行为的监督和处罚不力，导致控股股东在较低的机会成本下有较强的动机去实施这类行为。这也是我国民营上市公司中这类行为屡见不鲜的根本原因所在。我国法律对中小股东合法权益保护强度不够主要表现在以下三个方面：首先，相关法律体系不健全，有关证券方面的立法强调行政和刑事处罚，对于民事赔偿诉讼方面力度不够，而且受理范围也非常有限，使得民事赔偿诉讼的可操作性低下，不能对相关侵害行为进行有威慑力的处罚；其次，我国有关投资者保护的司法体系不完善，而且在司法执行过程中会受到行政力量的干预和影响，导致执行过程受阻；最后，目前我国的证券诉讼制度主要是以保护证券发行者为出发点，这非常不利于中小投资者维护其自身利益，而且会大大增加中小投资者维权的成本。

针对目前存在的问题，本研究提出以下建议：

首先，进一步完善相关法律体系，并且改革现有的诉讼制度。我国目前对中小股东保护的法律中还存在许多不完善或者有缺陷的地方，甚至有些方面存在相关法律缺位的情况。例如，《公司法》中对于撤销权除斥期间的规定不合理；对股东直接起诉、股东代表诉讼中的许多程序问题没有做出相应规定。在现行的法律体系下，上市公司的董事会和经理人不需要直接对中小股东负责，这样从法律上造成了违反法律的董事会成员或者经理人不会遭到来自中小股东的诉讼。而且由于控股股东拥有上市公司的控制权，所以他们可以操纵上市公司的行为从而使董事会和经理人免于中小股东的诉讼，这样即使中小股东的利益受到侵害，他们也不能有效地维护自身的合法权益。因此，笔者建议可以考虑引入“辩方举证”“集团诉讼”和“股东代位诉讼”制度，这些制度的实施将赋予中小股东维护自身利益的权力，降低分散的中小股东的诉讼成本，改变中小股东在与控股股东交往过程中的弱势地位，使中小股东能直接针对控股股东的一些不法行为提起诉讼。同时，这些制度也能够使控股股东攫取控制权收益行为的机会成本和风险增大，对这类行为起到更好的监督和震慑作用。

其次，有效提高现有法律法规的可操作性。目前，我国有关中小股东保护的相关法律在一定程度上缺乏可操作性，许多规定在实际工作中很难得到有效的执行。例如，我国目前的法律法规对于控股股东的赔偿责任没有明确的规定，同时关于上市公司中的不法行为的诉讼时效、举证、损失范围、赔偿计算及偿付方式等也都缺乏明确的规定。因此，笔者建议在这些方面能做进一步的细化，使得相关的法律法规能够更具可操作性，从而得到更为有效的执行。这样，既能帮助中小投资者切实维护自身合法权益，又能对控股股东的不法行为进行实质性的处罚，从而达到抑制和震慑这类行为的目的。

最后，建立具有法律强制力的中小股东权益保护协会。民营上市公司的中小股东个体分布非常分散，单个中小股东相比较控股股东而言处于非常弱势的地位。因此，建议由相关权威部门牵头组建具有法律强制力的中小股东权益保护协会。这种组织可以借鉴消费者权益保护协会的经验，用法律的手段赋予该组织一定的强制力，从而能在中小股东的保护方面起到积极的作用。许多发达国家已经建立了类似的中小股东利益保护组织，这些经验值得我们去借鉴。

通过不断完善中小股东利益保护的相关法律法规，如上文中提到的一些建议，可以使中小股东在自身合法权益受到侵害的时候能够更好地利用法律来捍卫自己的权益，也能从法律上对控股股东攫取控制权收益的行为进行有效震慑，从而有效保护中小股东的合法权益。

## 二、完善上市公司信息披露制度

在我国民营上市公司中，控股股东常常是家族成员，他们牢牢地控制着整个上市公司的各种决策权，并且在信息方面形成一个封闭的回路。因此，我国民营上市公司的控股股东和中小股东之间存在着严重的信息不对称。完善上市公司信息披露制度和强化对于信息披露的监管是解决信息不对称的关键所在。在上市公司的信息披露机制方面，主要应从以下四个方面着手改进：首先，提高信息披露的透明度。上市公司应该将监管机构要求的所有信息对全体股东和社会公众进行披露，尤其是涉及公司重大决策的关键信息。其次，保证信息披露的及时性。上市公司的重大决策和其他重要信息，应该在第一时间对全体股东和社会公众进行披露，从而保证中小投资人能在第一时间做出准确的投资决策。再次，规范信息披露的流程。信息披露应该按照监管机构的要求严格执行，严令禁止违规披露，从而保证全体投资者公平地享有这些信息。最后，提高信息披露的真实性。监管机构对于上市公司披露的信息应该进行抽查和审计，确保信息的准确性，从而避免中小投资者由于虚假信息而做出错误的投资决策。

对于信息披露过程中的违规或者违法行为应该进行严厉处罚，加大处罚力度，提高信息披露过程中违规或者违法的成本，这样才能让中小投资者更加平等地享有对上市公司的知情权，从而提高投资决策的准确性。

随着我国股权分置改革的顺利实施，证券市场正在由特殊的“大小非”

结构转型为全流通市场。但是上市公司及其控股股东经常会出现信息披露违规、内幕交易和操纵股价等行为，这些都亟须通过建立公平、公开的信息披露机制来解决。上市公司及其利益相关主体，主要包括控股股东、董事、监事、收购要约方等，必须严格按照各项法律法规进行信息披露，充分履行各自的职责，杜绝违规披露行为的发生。在上市公司的公开信息未经披露之前，该信息的知情人和利益相关者不得以正式或者非正式的方式向第三方公开或泄露该信息，更不得利用未经披露的内幕信息进行牟利。上市公司的控股股东对公司的经营状况和财务信息的了解是非常完备的，而中小股东由于往往不直接参与上市公司的经营和决策，所以难以全面获得公司的相关信息，或者需要付出巨大的成本才能获取相关的信息。所以，控股股东和中小股东在信息方面存在很大的不对称性。相关研究发现，控股股东存在利用信息的不对称获取控制权收益的动机。虽然没有证据表明控制权收益一定会导致中小股东或者公司的长期收益受损，但是控制权收益却引起分配的转移，它能将本来由全体股东共享的收益转移给控股股东，从而侵害中小股东的合法权益。

因此，改进和完善现有的信息披露制度，对于我国资本市场的健康发展具有重大的现实意义。政府及监管机构应该致力于营造公平、透明的资本市场环境。上市公司信息披露制度的设计和完善是一个重大课题。目前，我国证券市场中信息披露的主要矛盾有：披露信息的真实性、披露信息的及时性和披露信息的完整性。如上文所述，政府及其监管部门对上市公司的信息披露应该在透明度、及时性、规范性和真实性方面做严格要求。因此，笔者对信息披露的监管部门提出以下建议。

首先，规范上市公司的信息披露制度。目前，我国执行的上市公司信息强制披露制度主要是按照业绩和行业等标准进行分类监管，并未按照所披露信息本身的特性对上市公司的信息披露进行监管。这导致上市公司在信息披露的时候总能对那些不易观测或者不易核实的信息进行人为的操控。这种对所有披露信息不加区分的管理模式显然存在着明显的局限性，没有考虑上市公司本身的特点及所披露信息的特点。笔者建议监管部门推出有关信息披露的分类制度，对不同类别的信息出台不同的信息披露标准和责任，同时对于不同类型的上市公司披露的信息内容和标准也应根据企业类型有所区别，这样才能让上市公司真实、客观地反映公司经营状况。这种分类披露制度不仅可以使公司内部的监督和审计机构加强其职能的有效性，而且也可以使公司外部的监管机构、中小投资者及社会公众能更准确地掌握公司的各种重要信息，提高信息披露的针对性。

其次，完善会计准则体系，建立统一的信息披露机制。目前，我国执行的公司财务信息披露制度还是各自为政，财政部和证监会各自执行自己的信息披露制度，企业所在地当地还有地方性的规定，多种信息披露制度使得上市公司的信息披露缺乏一致性和规范性，造成部分上市公司为了达成特定的目的故意操纵披露的信息，对不同部门呈报不同的数据和报表，使得披露的信息真实性和准确性出现问题。因此，笔者建议监管部门牵头协调各部门建立统一的信息披露制度，规范上市公司的信息披露行为，保证信息披露的准确性、真实性和一致性。

再次，加大对违规披露行为的处罚，提高违规披露的成本。我国现行的各项法律和法规中对于违规披露的行为处罚过轻，不足以起到震慑的作用，一小部分上市公司或者其控股股东存在侥幸心理。笔者建议，监管部门加大信息披露违规行为的查处，发现上市公司及其控股股东故意隐瞒重大关联交易，特别是给中小股东造成严重损失的，监管部门要按照从严的标准进行处罚，并且提供相应的机制让利益受到侵害的一方能发起民事和刑事的诉讼。

最后，加强上市公司披露信息的审计工作，尤其是对重大关联交易的审计。上市公司的审计机构应该加强独立性管理，强化自身的公正性和客观性。审计机构要密切关注重点风险领域，包括特殊交易形式和创新交易模式的销售收入确认、资产减值测试、函证、境外子公司审计和含有已审计财务报表的文件中的其他信息等。审计机构应该确定上市公司是否在信息披露中客观、真实地反映了关联交易的基本要素，尤其是转移价格，严格审查关联交易的公平性、合理性，积极调查关联交易中的各种违规的利益输送行为。

## 三、创新监管思路，加强对控股股东的监管

国外监管机构对上市公司的监管主要是对上市公司本身和证券机构的监管，对控股股东的监管并不常见。这是由证券市场本身的特点决定的。西方发达国家上市公司的股权结构的一个显著特征就是股权分散，法人持股比例较高，政府或者私人持股比例较小。在这种股权结构下，股东之间的相互制衡和监督是比较强的，控股股东要通过控制权的使用来获取控制权收益是较为困难的。因此，控股股东侵占中小股东合法权益的行为程度较轻，对控股

股东的监管力度也比较弱。但是，我国民营上市公司的股权特征是家族成员控股较为普遍，法人持股较少，股权集中度较高，股东之间相互制约难以形成，比较容易滋生控股股东侵占中小股东合法权益的行为。因此，西方国家的监管制度对我国证券市场的监管并不适用。针对我国民营上市公司的具体现状，创新监管思路、拓展监管界限是非常有必要的。笔者认为，可以考虑从以下两个方面加以改进：第一，监管的对象不能局限于民营上市公司和证券经营机构，应该延伸到民营上市公司的控股股东或者实际控制人。在我国的民营上市公司治理中，最终的实际控股股东一直是一个核心问题。民营上市公司的违规担保、资金占用、内幕交易及股价操作绝大部分都是与实际控制股东相关的。随着金融工具的不断创新，控股股东能够利用控制权侵占中小股东合法权益的手段和方式也越来越多，危害也越来越大。因此，监管机构不仅要对民营上市公司和证券经营机构进行监管，更应该将监管边界扩大到实际控制民营上市公司的实际控股股东。第二，改变目前事后监管的单一监管模式，引入事前和事中的监督和干预机制。我国目前的监管模式通常是在问题出现以后才进行监管，这种事后“亡羊补牢”的做法存在很大的局限性，对中小股东的利益保护也不足。监管机构可以充分运用现代信息技术，加强对上市公司及其控股股东的实时监管。例如，在上市公司披露重大信息之前如果出现股价的明显异动，就可以自动激活监管和调查程序，停止上市公司的交易活动，在假定存在内幕交易的前提下提前保护中小股东的合法权益。

### 四、充分发挥媒体的监督和引导作用

如上文所述，声誉激励对大股东而言是一种有效的激励方式，媒体是影响上市公司声誉的一个重要工具，所以媒体可以对上市公司及其控股股东的行为产生监管的效果。上市公司的中小股东可以利用媒体对控股股东的行为进行一定的监督，通过媒体客观、公正的报道震慑控股股东攫取控制权收益的不当行为。首先，政府和媒体的主管部门要进一步加强对媒体公正性和客观性的要求，同时要给予媒体充分的独立性，让媒体既能敢于报道，而且要善于报道，同时对于媒体要给予必要的保护，避免媒体因为客观报道而招致报复。其次，媒体本身也要加强业务能力培训，提高从业人员的职业素养，从业人员应当充分意识到他们作为媒体人的社会责任，要充分利用媒体进行

信息披露的优势来监督上市公司控股股东侵占中小股东利益的不当行为，保护中小股东的合法权益，逐步让媒体在上市公司的治理和监督中发挥积极作用。

### 五、加强诚信制度建设

目前我国的诚信制度建设尚不完善，资本市场中各种投机行为和不诚信行为大量存在。整个社会要建立起诚信的氛围，就需要给予诚信行为长期的经济回报。我国资本市场参与者诚信度不高的根本原因在于诚信带来的不但不是收益，甚至可能是损失。因此，要改变目前的市场诚信状况，就要在制度上给予保证，使市场中的诚信行为得到保护和激励，让诚信行为创造价值并获得合理的市场回报。笔者认为，可以从以下三个方面进行改进：第一，大力营造诚信的社会和文化氛围，增强社会中公司和个人的诚信意识，树立诚实守信的价值观，让诚信行为逐步成为一种自发的、习惯性的和下意识的行为；第二，建立开放的个人和公司的诚信档案，将个人或者公司有关的诚信行为进行详细记录，并且保证这些信息的公开性，对于个人和公司的不诚信行为可以随时进行查询，加大对不诚信行为的曝光力度；第三，加大对失信者的惩罚力度，对有严重不诚信行为的个人和公司取消其在某些领域的经营资格。

## 第二节　民营上市公司控制权收益的企业规制

### 一、优化公司治理结构

对于民营上市公司控制权收益的规制，不仅要完善外部治理结构，更应该进一步优化内部治理结构。随着改革开放的深入，我国民营上市公司在公司内部治理方面有了长足的进步，现代企业制度正在逐步建立，但是相对于西方发达国家而言，我们的内部治理结构还有很多不健全和不完善的地方。无论是在制度层面还是在执行层面，我国民营上市公司都急需升级内部治理结构，从而提升公司治理效率。本书认为，我国民营上市公司内部治理结构的改进和优化应该从改进股东投票制度、加强监督与激励等方面着手展开。

### （一）改革现行投票制度

我国《公司法》中目前规定股份公司采用一股一票、同股同权的投票制度和简单多数原则，这也是我国上市公司中容易滋生攫取控制权收益行为的根本原因之一。一股一票的投票制度，表面上看起来较为公平，但是在我国目前股权集中度较高的股权结构下，这种投票制度很容易被控股股东用来控制股东大会、董事会，乃至公司的经营管理层，成为他们侵占中小股东权益的合法工具。我国民营上市公司的股权结构在未来相当长一段时间还将保持这种高集中度的特点，因此民营上市公司应该对现行投票机制进行改革，改变投票制度被控股股东利用的现状，做到有效制约控股股东获取控制权收益的行为，切实保护中小股东的合法权益，并且保障他们在投票制度中的权益。投票制度的改革可以从引入限制性投票权和累计投票制度两个方面展开。

首先，引入限制性投票权。限制性投票权是指限制一部分股东持有股票的投票权，从而使股东获得的投票权小于其持有的股权。限制性投票权可以防止出现控股股东尤其是绝对控股股东完全掌控公司投票权所带来的负面影响。一般情况下，限制性投票权规定，当某一股东持有上市公司股权比例超过某个标准之后，那么其所拥有的投票权将受到严格限制，使其持有的投票权小于其持股比例。该制度的推行能够在一定程度上避免股权过度集中条件下控股股东利用传统一票一股的投票方式来控制公司的现象。

其次，借鉴美国的累计投票制度。累计投票制度起源于美国，主要是指股东大会选举两名以上的董事时，股东所持的每一股份拥有与待选董事总人数相等的投票权，股东可以将投票权集中投给某一候选人，也可分散投给多个候选人，最后按得票多少决定董事人选。累计投票制度的目的就在于避免大股东利用表决权优势操纵董事的选举，从而克服一股一票投票制度的弊端。我国证监会于 2004 年也曾发文建议上市公司采用累计投票制以健全公司治理结构。但由于各种客观原因使其实施效果远未达到预期目的。针对我国证券市场和民营上市公司的实际情况，笔者认为，在深入推进累计投票制的同时，还应逐步降低该制度实施的门槛。而且，监管机构可以强制要求民营上市公司将累计投票制度写入公司章程，并且监督该制度的有效实施。这样，才能使其真正发挥保护中小股东权益的作用。

### （二）充分发挥内部监督职能

一般而言，公司董事会主要包括两种形式：一种是单层制董事会模式，公司内部仅有董事会存在，不再设立监事会；二是双层制董事会模式，除董事会外，公司还设立监事会作为内部监督机构。目前我国民营上市公司综合了上述两种公司治理结构，公司中同时设立独立董事和监事会进行双重监督。双重监督机制的初衷是强化对公司治理的内部监督，但是在实际运行中，民营上市公司的内部监督机制并没有有效地发挥监督作用，无论是独立董事还是监事会，很多都沦为形式。虽然我国《公司法》的屡次修订都对监事会进行了进一步的明确和强化，但是，我国民营上市公司的内部监督机制仍然存在着许多顽疾，这主要表现在以下三个方面。

首先，监事会的人员结构有待调整。《公司法》虽然规定了监事会中内部员工的人数比例，但是由于控股股东握有公司的控制权，他们可以操纵监事会成员的产生过程和结果，所以最终进入监事会的员工都是控股股东的内部人，很难对高层和控股股东进行有效监督。在民营上市公司中，有些监事就是控股股东的家族成员或者其代理人，他们由于与控股股东具有紧密的利益关系而缺乏必要的独立性，从而根本不可能对控股股东进行有效监督。控股股东通过各种形式的隧道行为侵害中小股东利益和攫取控制权收益的行为本身也是符合这些特殊监事自身的利益的。因此，他们无法公正、客观地履行自己的基本职能，不可能代表公司股东对公司董事会和经理依法进行监督。

其次，监事会与独立董事的双重监督机制，可能会造成社会惰化的出现。由于监事会和独立董事在职能上存在或多或少的相互重叠，可能造成一方或双方的懈怠或搭便车的行为，产生互相推诿的情况。

最后，监事对于董事会或经理层的监督采取的是事后监督模式，而且由于监事一般不参与公司的核心决策，因而很难获得公司的关键信息，他们与公司董事或经理人之间的信息是不对称的，这就会加大监事履行职责的难度。因此，必须给予监事充分的激励才能保证他们完全地履行自己的职责。而现实中的情况是，在绝大部分民营上市公司中，监事仅仅获得很低的报酬甚至是没有报酬，这样监事履行职责的动机不强。

笔者认为，改进目前的内部监督机制、增强监事会的监督作用可以从以下四个方面着手：第一，在监事人员的选拔过程中避免控股股东操控，多元化监视人员结构，从而提高监事会的独立性和客观性，建议参考独立董事制度；第二，提高监事人员的选拔标准，不要让监事会成为企业养老或者休闲的处所，要求监事人员必须具备管理、财务、法律等相关方面的业务能力，这样才能保证监事工作有效地开展；第三，协调好监事与独立董事的关系，划分各自的职责，避免出现相互推诿的情形；第四，建立信息传递的有效通道，保证监事会成员能获得有关公司的财务状况、重大决策、战略计划等方面的核心信息。

### （三）加强监督与激励

现代企业制度的建立导致公司所有权与经营权两权的分离，进而产生了所有者与经理人之间的委托代理关系及委托代理问题。所有者与经理人之间的委托代理关系使得经理人总是存在机会主义的动机。要降低经理人的机会主义倾向，一方面应该加大监督力度，从而使经理人面临更大的机会成本，另一方面应该设计有效的激励制度，通过激励制度使得经理人能够将所有者的目标与个人目标相统一。而对于公司的控股股东而言，他们总是存在攫取控制权收益的潜在动机。如前文所述，控制权收益分为货币性的和非货币性的。货币性的控制权收益主要是指控股股东通过关联交易、违规担保、资金占用等方式将目标公司或中小股东的合法收益通过利益输送的隧道行为转移到控股股东或其关联企业。

因此，笔者认为，加强对经理人或者控股股东的监督和激励可以从以下四个方面着手：第一，建立成熟和活跃的经理人市场，加大经理人投机行为或不道德行为的机会成本，迫使经理人为了保有其职位不被其他经理人替代并且维持其所获得的可观报酬而努力工作。第二，在充分授权经理人独立开展经营的基础上，设计科学有效的激励制度。在对经理人的激励上，不仅要考虑劳动和生产要素参与分配，还应该将人力资源资本化，让经理人员的智力投入也参与分配。除了充分的货币化的分配机制以外，还应通过管理层持股或者期权的方式进行股权激励，提高经理人的归属感和组织承诺。第三，完善法规体系，加强外部监管。如强制性要求企业在一定条件下必须进行现金股利派发，推出净资产收益率事后监督机制，控制企业自由现金流水平等。第四，加强内部监管。如前文所述，加强监事会和独立董事制度建设，充分发挥这些监督机构的职能。

### （四）强化声誉等无形激励机制

控股股东的非货币性的控制权收益主要体现为一些精神层面的无形收益，如声誉、名望、地位、权利等带来的满足感。这些无形收益虽然不能直接创造货币价值，但控股股东可以因此而获得很多衍生的收益。货币性控制权收益通常会损害中小股东的合法权益，而非货币性控制权收益则既满足了控股股东控制权收益的需要，又不会损害中小股东的合法权益。因此，笔者认为提高声誉等非货币性控制权收益是降低控股股东货币性收益的一个重要方式。通过加强这些无形的激励，让控股股东更多地感受到这种声誉激励给其带来的精神满足，而降低对物质激励的要求。笔者建议，可以给予声誉良好的控股股东更多政策上的优惠，媒体也要对声誉良好的控股股东进行更多正能量的报道，从而提高由于声誉受损所承受的机会成本。

## 二、优化公司股权结构

目前，我国经济正处于转型过程中。在进一步深化经济改革的背景下，资本市场和上市公司也在不断地升级。我国上市公司现行股权结构的一个重要特征就是非流通股比重较大。尽管股权分置已在我国得到顺利推行，“大小非”流通股也开始解禁，非流通股的比重在上市公司股票中越来越低，但是不能否认的事实是，仍有约50%的股票属于非流通性质的，这些非流通性质的股权大部分是国有股。我国上市公司，尤其是民营上市公司股权结构的另一大特征就是股权的集中度较高。在我国沪深两地的上市公司中，约有两成的上市公司存在绝对控股的大股东，这些绝对控股股东主要是国有股和家族成员股东。在目前特定的经济环境和特殊的股权结构下，上市公司控股股东的控制权收益水平是比较高的，控股股东由于掌握了公司的控制权，常常通过关联交易、资金占用、违规担保、支付过高薪酬和补助等各种渠道向利益相关主体进行利益输送，从而获取控制权收益。西方发达国家的股权结构特征表现为股权集中度较低，股东主要以法人股为主。在这种低集中度的股权结构下，委托代理之间的矛盾是控制权收益的主要来源。

股权结构的特点很大程度上是由一个国家的法律对投资者的保护程度决定的。西方学者研究发现，一般而言，在法律对投资者保护程度较高的发达市场经济国家，股权的集中度较低；而在法律对投资者保护程度较低的欠发达国家和地区，股权的集中度较高。在转型经济的国家，在法律对投资者保护程度较低的情况下，较为分散的股权结构被证明是效率低下的。反过来，在转型经济的国家，较高程度股权集中度被证明是较为有效的，能够提升上市公司的绩效水平。

因此，在我国特殊的时代背景下，股权结构的改革并不是简单地推行股权分散化。在现状下，我国股权结构的改革方向应该是继续稳步推进股权分置，加强股权之间的相互制约和平衡，逐步将公司控制权市场化，通过市场机制来实现控制权的有效分配，从而提升上市公司的经营绩效，抑制控股股东攫取控制权收益的利己行为。在股权集中度较高并且大股东之间的持股比例较为接近的股权结构下，股东之间可以形成相互制衡的局面，从而约束控股股东攫取控制权收益的行为，降低控股股东对中小股东利益侵害的程度。

上市公司股权垄断阻碍了市场在控制权配置过程中的主导作用。股权分置是进一步优化股权结构的重要方向。股权分置的本质是要努力实现同股同权，将非流通股转化为流通股进入公开市场进行交易。股权分置并不一定会导致管理层或者控股股东的减持套现。

我国从 2005 年开始实施股权分置改革，虽然资本市场对于股权分置做出了积极的回应，但是股权集中度偏高这一基本现状并没有根本改变。未来改革的方向是要实现上市公司股票的全流通，这样控股股东和中小股东一样可以“用脚投票”，他们可以通过经营业绩的提升来获得股票增值的收益。控股股东会把公司价值提升与股票增值的目标统一起来，将个人目标与公司目标协调起来，提高他们通过经营管理来提升上市公司业绩的动机。

优化上市公司股权结构的另一个方向是实现投资主体多元化，鼓励外资、民间资本、法人主体和投资机构等主体成为上市公司的股东，彻底打破股权垄断的格局，在丰富股东成分的同时形成股东之间的相互制衡。控股股东的家族化是目前我国民营上市公司股权结构中的一个显著特征，也是滋生攫取控制权收益行为的重要原因。上市公司的大股东多为家族成员时，公司股权集中度就会进一步提升，这些家族成员很容易成为一致行动人，从而通过操作上市公司的控制权来攫取控制权收益。因此，股权结构的多元化，降低家族成员对上市公司的控制是优化目前股权结构的有效方式。

## 三、优化公司控制权配置

### （一）提高控股股东攫取控制权收益的机会成本

控股股东是上市公司的实际控制人，对公司、中小股东、公司员工及债权人等都负有不可推卸的社会责任。但是，现实中控股股东常常利用其掌握的控制权来谋取控制权收益的最大化，最终成为控制权收益的实际受益人。因此，监管部门必须对控股股东的不当行为进行严格的监督和严厉的处罚，通过提高侵占中小股东合法权益的行为的机会成本和法律风险，达到震慑的效果，从而减小控股股东发生此类行为的动机。

但是，控股股东采取的侵占中小股东合法权益的行为通常具有较强的隐蔽性，这些行为一般情况下不易被察觉和发现。因此，监管部门应当建立有效的预警机制。监管部门可以要求控股股东定期或不定期地披露上市公司的财务报告。频繁的信息披露可以及早地反映出上市公司经营中存在的问题和风险，而且对于控股股东也是一种无形的监督，特别是对于涉及上市公司和控股股东之间的大宗现金流动和关联交易，这样对控股股东的冒险行为可以起到较好的制约作用。

### （二）充分发挥董事会独立的监督职能

在我国，上市公司董事会一般由各股东或关键利益主体指派的代表组成，根据董事是否直接参与公司经营管理可分为执行董事和非执行董事；根据董事是否在上市公司任职分为内部董事、外部董事和独立董事。董事会的组成直接决定着上市公司控制权的分配，所以控股股东和其他利益主体对于董事会的组成都是非常关注的。对于上市公司而言，除了公司章程另有明确规定以外，公司的一切重大决策都由董事会来制定并且授权执行，董事会是上市公司控制权的具体执行机构。所以在现实环境下，上市公司的控股股东会想尽一切办法牢牢控制董事会，使董事会成为执行自己决策的合法工具，从而使很多上市公司的董事会沦为“橡皮图章”。因此，监管机构应该要求上市公司进一步强化公司董事会的独立性，避免董事会受控股股东的操纵，抑制控股股东的不当行为。从目前我国上市公司的实际情况出发，笔者认为比较可行的办法是强化独立董事的作用。由于独立董事往往是独立的第三方，所以受到控股股东和其他利益方的影响较小，独立董事能更客观、更公正、更独立地对董事会及控股股东的不当行为进行监督，并且能及时地将这些不当行为反馈给监管机构和媒体，从而在很大程度上抑制攫取控制权收益行为的产生。

目前，我国上市公司独立董事制度的事实是，许多上市公司的独立董事大多是由控股股东或者受控股股东操纵的董事会指派的，所以在某种程度上一定是倾向于代表控股股东的利益，因此其独立性得不到有效的保证。笔者建议，监管部门可以建立独立董事的人才库，由监管部门从独立董事的人才库中指派熟悉目标公司业务和领域的专家担任独立董事，或者由上市公司从人才库中随机抽取。上市公司每年向监管机构缴纳一定金额的监管基金，董事不再由上市公司支付报酬，而由监管机构从监管基金中划拨资金用于支付独立董事的报酬，这样才能充分保证独立董事的独立性、客观性和公正性，从而使独立董事能够真正维护上市公司的利益和中小股东的利益，避免成为控股股东的傀儡。

#### （三）加强债权人监督

债券融资是上市公司常用的一种融资方式。作为一个重要的利益相关者，债权人可以对上市公司起到监督的作用。债权人出于维护自身合法权益的需要，可以对上市公司的控制权分配起到监督作用。上市公司的债权人主体最主要的是银行，因此债权银行应更多地参与公司治理，对控股股东的行为起到监督的作用。一方面，银行可能由于债转股而直接成为上市公司的实际股东，这时银行就应该主动参与到公司治理中，从而加强对控股股东的监督。另一方面，商业银行可以银行贷款为基础，采取“相机性控制”的监督模式。这样，企业如果经营正常，则银行对企业的经营不加干预；而企业一旦出现经营不佳或面临重大并购重组时，银行则会主导企业的经营管理行为，成为企业控制权的实际拥有者。通过这种债权人监督的模式，可以对上市公司的控股股东形成一定的制约，避免控股股东采取一些不恰当的行为。

## 第三节　民营上市公司控制权收益的市场规制

### 一、提高资本市场监管效果和效率

资本市场的健康发展需要有效的监管机制作为保障。公司治理和资本市场规范的一个重大课题就是制约控制权所有者利用控制权侵占中小股东的合法权益。建立资本市场有效的监管制度，提高资本市场的监管效率，是解决这一问题的关键。只有有效的资本市场监管，才能抑制控股股东通过侵占中小股东的合法权益而攫取控制权收益的动机和能力。随着我国股权分置改革的顺利实施，监管部门的主要任务就是建立一系列的监管制度，进一步提高监管的效果和效率，从而减少侵占中小股东合法权益的行为发生的可能。提高资本市场的监管效率和效果应该有一些创新性的思路，笔者认为可以从以下两个方面进行改进：一方面，资本市场的监督体系要具有极强的可操作性，让每一种利益侵占行为都会受到具体的惩罚，这样控制权所有者采取的攫取控制权收益行为就会面临较高的机会成本，从而降低他们采取此类行为的动机。另一方面，监管部门可以创新监管形式，按照民营上市公司的特点进行分级分类监管，监管的资源更多地向控制权垄断性较高的上市公司倾斜，在最容易发生利益侵占行为的地方重点监管，从而通过区别性监管来提升监管效率。笔者建议，在资本市场的监管制度方面可以从以下三个方面进行完善，从而达到对中小股东合法权益的有效保障。

第一，完善证券市场监管实践与证券市场立法、执法的联动机制。一个完善的证券市场法律体系是其健康发展的前提和重要保障。在法律体系健全的前提下，加大执法力度和提高执法水平是有效实施市场监管的根本。因此，政府部门应该加快完善证券市场的立法和配套相应法规，提高法律法规执行过程中的可操作性，使市场监督能够真正落到实处，从而形成有效的联动机制。

第二，建立一票否决的民营上市公司股权再融资信息披露制度。目前，我国民营上市公司在信息披露方面普遍存在着披露不规范甚至虚假披露的问题。针对这一问题，监管部门可以考虑出台信息披露违规的一票否决制，加大对信息披露中的违规和违法行为的处罚力度，让民营上市公司的再融资行为与信息披露直接挂钩。如果民营上市公司在信息披露中出现违规或者违法行为，监管部门一经查证可以取消上市公司增发、配股等再融资的资格。

第三，鼓励独立的第三方社会力量参与监管，增加公众的知情权，提高监管的社会化程度。要提高监管的效果和效率，必须让社会力量参与到监督当中来，由社会力量对上市公司进行全方位、无死角的监督。同时，应该充分发挥中介机构和媒体监督作用，特别是证券行业协会、律师事务所、会计师事务所、证券交易所和新闻媒体作用，加大媒体对违规行为的曝光力度，提高违规行为所承受的机会成本，在全社会的共同监督下规范上市公司和控股股东的行为。

综上所述，只有法律体系的完善、加强信息披露监管及全社会参与监管三个方面共同作用，才能对民营上市公司控股股东的侵占行为起到有效的监管作用，弱化控股股东攫取控制权收益的动机，减少此类行为发生的可能性。

## 二、尽快建立控制权交易市场

公平、有序、高效的控制权交易市场可以使涉及公司控制权的有关交易更加透明化和公开化。公司控制权交易市场的特征在于它是一种新的要素市场，用于交易的不是资产、负债等实物，而是公司的控制权益。控制权交易中所产生的收益也不同于证券市场交易的收益。

控制权的转移动因基本还是立足于管理层和股东之间的利益冲突和兼容。这些动因包括提高公司业绩和效率、解决管理层代理问题、管理层扩大规模的欲望、管理层维持管理资源和规模等。对于中国股票市场来说，因为刚刚解决了非流通股重大制度缺陷，所以控制权市场及其功能对公司治理和企业价值的改善作用可能才刚刚开始。

代理权竞争、企业并购、司法裁定和托管运营等是控制权市场的主要作用机制。其中，最主要的作用机制是并购机制。企业并购主要是指一家企业通过某一渠道、支付一定的成本来获得其他一家或者几家企业的经营控制权或者资产所有权的交易行为。并购一般包括兼并和收购两种具体形式，而兼并又是企业并购通常采用的形式。兼并是指一家企业通过交换或购买等有偿的形式获取其他企业的资产控制权，使得其他企业丧失其独立的法人资格，或者虽然保留了法人资格但却变换了投资主体的交易行为，它通常涉及目标企业存量资产的重新组合。企业兼并动机存在很多假说，主要包括控制权增效假说、自由现金流量假说、效率理论、信息理论、代理成本理论、税收理论等。代理权竞争也是一种重要的控制权市场作用机制。不同的股东会组成不同的利益集团，这些利益集团会通过争夺股东的委托表决权达到控制董事会的目的，之后再对董事会进行改选，从而进一步牢牢控制董事会。代理权竞争的胜利者可以实现对董事会的控制。代理权竞争和企业并购都是控制权市场的作用机制，但代理权竞争的重点是投票权，而企业并购的重点是争夺公司所有权，但是最终的目的都是获取目标公司的控制权。此外，司法裁定和托管机制对控制权市场的作用发挥具有重要的辅助作用。司法裁定是控制权转移的法律手段，关键是债务处理程序。托管分为财产托管和股权托管。

我国公司法对投票权托管有明确规定，但是对于股权中的财产权益等权利托管尚无明确界定。

## 三、建立和完善经理人市场

### （一）从制度设计上保证培育更多的职业经理人

在制度设计方面，应为职业经理人的发展设计公开公平的竞争机制和充满挑战的激励机制。在竞争机制和激励机制的作用下，从事企业经营管理的职业经理人可以获得较高的社会认可和较高的经济收入。在这样的制度环境下，更多有潜力、有事业心的潜在职业经理人可以通过挑战来充分发挥自己的能力，提升自身的信心，同时提高自己的收入水平。同时，可以鼓励高校和其他社会力量通过专业的和业余的职业经理人培训，不断培养更多高素质的职业经理人。

### （二）创建职业经理人公平竞争的市场环境

职业经理人管理的目标企业的经营业绩将影响经理人的薪酬水平、个人名誉甚至决定着经理人的去留。建立一个公平、公开的竞争和淘汰机制，将有利于更多优秀的经理人涌现出来，在不断的循环淘汰中提升经理人队伍的整体水平和素质。积极健康的市场竞争能促进经理人更为投入地工作以获得更好的业绩。所以，创建一个健康的市场竞争环境，打破地域和行业间的封锁，是充分发挥经理人潜力和约束经理人员控制权收益行为的有效机制。

### （三）建立职业经理人市场的约束机制

完善的经理人市场除了健全的制度设计和良好的市场环境外，还需要通过公司章程、正式合同、市场机制及道德水准来约束经理人行为。上市公司可以在企业章程中对各利益主体尤其是实际负责公司运营的职业经理人的责任权利及其行为进行规定。上市公司还可以借助于与职业经理人签订的正式聘用合同，来约束职业经理人的权利和责任。除此之外，从职业道德层面加强对职业经理人的教育，使经理人忠诚于公司，以公司利益为一切行为的准则，不做有损企业利益的事情，也是建立职业经理人市场所必不可少的。

# 第六章　研究结论与展望

## 第一节　研究结论

探索上市公司控制权收益与公司经营绩效之间的关系具有重要的现实意义。首先，通过本书的研究特别是本书对于发生控制权转移的上市公司在控制权转移前后公司绩效的变化与控制权收益关系的探讨，可以给上市公司、政府及监管机构提供相关的实证数据。通过文献综述发现，目前学术界在这方面的研究还较为薄弱，在新的历史背景下的实证研究也非常匮乏，因此政府及其监管部门在控制权收益规制方面也显得不知所措。本书的研究可为政府及其监管部门进行控制权收益的规制提供必要的参考。其次，通过研究控制权收益的主要影响要素，同时比较国外控制权配置机制和控制权收益规制，找出符合我国现实情况的控制权收益规制的具体措施，可以为我国企业控制权收益的规制提供借鉴和参考。本书通过我国民营上市公司控制权收益与上市公司经营绩效关系的研究，得出以下主要结论。

第一，从控制权配置结构来看，目前我国上市公司的控制权呈现两大主要特点：一是控制权主要集中在国有资本或者家族成员手中，许多上市公司"一股独大"的股权结构特征明显；二是上市公司的股东结构较为简单，法人或者机构投资人比例偏低。这种控制权结构容易滋生攫取控制权收益的侵占行为。

第二，从控制权收益产生的来源来看，目前我国上市公司控制权收益的主要来源是控股股东对中小股东合法利益的侵占，这种侵占程度越严重，控股股东获得的控制权收益越高。

第三，从控制权收益与上市公司的经营业绩关系来看，在发生控制权转移的上市公司中，控制权转移之前控制权收益与上市公司的每股收益存在显著的负相关关系，其主要原因在于控制权收益越大，说明控股股东的个人收益越大，而这种个人收益的获取往往是以牺牲公司和其他中小股东的利益为前提的。在控制权转移之后，控制权转移中的控制权收益与控制权转移后的净资产收益率存在显著的正相关关系。上市公司在控制权转移时，控制权收益越高说明新的控股股东为获得上市公司的控制权所付出的成本越高，说明新的控股股东对未来公司经营的业绩是乐观并且充满信心的，而且较高的控制权转移成本会激发新的控股股东更加努力地去提升公司业绩。

## 第二节　政策建议

基于控制权收益的研究，本书提出如下控制权收益规制的政策建议。

第一，从法律与政策方面进行控制权收益规制。具体措施有以下几点：首先，完善相关法律法规。有关部门和监管机构应该尽快完善限制控制权收益方面的法律法规，尽快做到有法可依。其次，完善上市公司信息披露制度。借鉴发达国家的信息披露制度，要求上市公司对关联交易等容易产生控制权收益的行为进行强制披露，并且对违规披露加大惩罚力度，提高威慑力。再次，创新监管思路，加强控股股东的监管。对于控股股东的行为要实施内部外部同时监管，加强对控股股东和实际控制人的监管并注重事前和事中的监管。然后，充分发挥媒体的监督和引导作用，加强舆论的监督作用。最后，加强诚信制度建设，完善信用体系，营造诚信经营的氛围。

第二，从公司治理方面进行控制权收益规制。具体措施有：首先，优化公司治理结构，主要可以通过改革现行投票制度、充分发挥内部监督职能、加强监督与激励、强化声誉等无形激励机制来实现；其次，优化公司股权结构，主要通过实施股权分置来降低股权集中度，同时加强股权结构的多元化，丰富投资主体；最后，优化公司控制权配置，主要通过提高控股股东攫取控制权收益的机会成本、充分发挥董事会独立的监督职能及加强债权人监督来实现。

第三，从市场方面进行控制权收益规制。具体措施有：首先，提高资本市场的监管效果和效率；其次，尽快建立控制权交易市场；最后，建立和完善经理人市场。

通过以上这些措施完善控股股东的控制权收益规制，尽量避免控股股东对中小股东合法权益的侵占，提高上市公司的绩效水平，使上市公司能够更加健康、持续发展。

## 第三节 未来研究展望

基于本研究的结果，笔者认为，在未来有关控制权收益与公司绩效的研究方面，可从以下两个方面进一步深化：一是本研究对控制权结构的研究还较为粗略，未来研究中将重点对控制权结构特点进行分析，运用定量分析与定性分析相结合的研究方法，通过实证研究来探索控制权结构特点对控制权收益的影响；二是本研究对上市公司绩效的研究所选取的指标还较为单一，未来研究中可以考虑运用多种会计指标和其他抽象指标建立综合的公司绩效考核模型，从而克服单一用财务指标评价公司绩效的局限性。

# 参考文献


[1] 济默尔麦. 经济学前沿问题 [M]. 北京：中国发展出版社，2002.

[2] 杰克·卜弗罗门. 经济演化 [M]. 北京：经济科学出版社，1995.

[3] 科斯，等. 财产权利与制度变迁：产权学派与新制度学派译文集 [M]. 上海：上海人民出版社，1994.

[4] A·爱伦·斯密德. 财产、权力和公共选择——对法和经济学的进一步思考 [M]. 上海：上海人民出版社，2006.

[5] A·爱伦·斯密德. 制度与行为经济学 [M]. 北京：中国人民大学出版社，2004.

[6] 阿尔弗雷德·马歇尔. 经济学原理 [M]. 北京：商务印书馆，1997.

[7] 埃格特森. 经济行为与制度 [M]. 北京：商务印书馆，2004.

[8] 艾里克·拉斯穆森. 博弈与信息 [M]. 北京：中国人民大学出版社，2009.

[9] 白重恩，刘俏，陆洲，等. 中国上市公司治理结构的实证研究 [J]. 经济研究，2005 (2).

[10] 蔡祥. 控制权利益、管理者股权与企业价值 [J]. 财经科学，2002 (5).

[11] 陈安珩. 上市公司控制权私人收益的非线性研究 [D]. 长沙：湖南大学，2011.

[12] 陈成，王永县，雷家骕. 企业控制权的利益侵占问题研究 [J]. 数量经济技术经济研究，2005 (9).

[13] 陈红，杨鑫瑶，王国磊. 上市公司终极控制权与大股东利益侵占行为研究——基于中国A股市场的经验数据 [J]. 当代经济研究，2013 (8).

[14] 陈济. 我国上市公司控制权私有收益影响因素的实证研究 [D]. 海口：海南大学，2014.

[15] 陈健. 控制权收益与激励机制安排 [J]. 山东经济，2011 (4).

[16] 陈敏. 控股股东控制权收益与投融资效率——基于“科龙”的案例分析 [J]. 会计论坛，2006 (2).

[17] 陈小林. 公司控制权的频繁转移、企业业绩与投机性并购 [J]. 南开管理

评论，2005 (4).

[18] 陈小悦，徐晓东. 股权结构、企业业绩与行业竞争性 [J]. 经济研究，2001 (11).

[19] 陈亚楠，丁九如，申丽静. 中国上市公司股权结构对控制权收益影响的实证分析 [J]. 时代经贸，2008 (6).

[20] 陈玉荣. 企业所有权、控制权与会计控制 [J]. 中国管理信息化 (综合版)，2006 (2).

[21] 党兴华，贺利平，王雷. 基于典型相关的风险企业控制权结构与企业成长能力的实证研究 [J]. 软科学，2008 (4).

[22] 道格拉斯·诺斯，张五常. 制度变革的经验研究 [M]. 北京：经济科学出版社，2003.

[23] 邓德强. 大股东类型、实际控制权配置模式与控制权私人收益 [J]. 南京理工大学学报 (社会科学版)，2011 (5).

[24] 邓德强，民营上市公司控制权私人收益研究 [D]. 大连：东北财经大学，2007.

[25] 迪屈奇. 交易成本经济学 [M]. 北京：经济科学出版社，2000.

[26] 董秀良，高飞. 上市公司控制权结构. 问题与对策 [J]. 当代经济研究，2002 (3).

[27] 方健雯，孙碧波. 国有企业控制权收益与最优重组契约 [J]. 经济管理·新管理，2005 (8).

[28] 方轶强. 控制权转移能改善企业的经营业绩吗 [J]. 当代财经，2005 (6).

[29] 费方域. 企业的产权分析 [M]. 上海：上海人民出版社，2006.

[30] 弗鲁博顿，芮切特. 新制度经济学——一个交易费用分析范式 [M]. 上海：上海人民出版社，2006.

[31] 付雷鸣，万迪昉，张雅慧. 创业企业控制权配置与创业投资退出问题探讨 [J]. 外国经济与管理，2009 (2).

[32] 傅瑜，申明浩. 控制权配置形式对企业关联交易的影响分析——基于 A 股家族类上市公司的实证研究 [J]. 当代财经，2013 (5).

[33] 高传富，谈坚. 国有企业控制权配置研究——兼议股权分置 [J]. 现代管理科学，2005 (11).

[34] 谷棋，等. 现金流权与控制权分离下的公司价值 [J]. 会计研究，2006 (4).

[35] 郭义辉，黄国良. 中国上市公司控制权收益实证研究 [J]. 河北企业，2008 (3).
[36] 郭跃进，徐冰. 论中国当代家族企业控制权传承的选择与决定因素 [J]. 贵州财经学院学报，2005 (6).
[37] 国彦兵. 新制度经济学 [M]. 上海：立信会计出版社，2006.
[38] 郭鹰. 控制权收益的成本分析 [J]. 山东财政学院学报，2004 (6).
[39] 哈特. 企业、契约与财务结构 [M]. 上海：上海三联书店，1998.
[40] 韩德宗，叶春华. 控制权收益的理论与实证研究 [J]. 统计研究，2004 (2).
[41] 郝晓彤，唐元虎. 企业控制权收益的激励效应分析 [J]. 山西财经大学学报，2004 (1).
[42] 郝颖，刘星，林朝南. 上市公司大股东控制下的资本配置行为研究——基于控制权收益视角的实证分析 [J]. 财经研究，2006 (8).
[43] 郝宇，韩文秀. 风险企业控制权配置研究 [J]. 天津大学学报，2005 (2).
[44] 贺建刚，魏明海. 控制权、媒介功用与市场治理效应：基于财务报告重述的实证研究 [J]. 会计研究，2012 (4).
[45] 何伟. 风险企业的道德风险与控制权配置的模型分析 [J]. 经济经纬，2005 (1).
[46] 贺蔚. 企业控制权收益和代理成本问题 [J]. 甘肃高师学报，2008 (2).
[47] 贺志新. 中国上市公司控制权私有收益的影响因素研究 [D]. 长沙：湖南大学，2009.
[48] 洪镔，钟智远. 控制权私人收益研究评述 [J]. 现代商贸工业，2011 (1).
[49] 侯晓红. 控制权收益的经济学分析 [J]. 中国矿业大学学报（社会科学版），2006 (4).
[50] 胡丕吉，张彦杰. 我国上市公司控制权私人收益限制策略研究 [J]. 金融经济，2009 (2).
[51] 胡乐明，刘刚. 新制度经济学 [M]. 北京：中国经济出版社，2009.
[52] 胡晓阳. 企业控制权的契约分析 [J]. 经济论坛，2006 (7).
[53] 胡旭阳. 上市公司控制权私人收益及计量——以我国国有股权转让为例 [J]. 财经论丛，2004 (3).
[54] 黄可. 国有资产流失现状极其防治 [J]. 中国集体经济，2008 (7).
[55] 黄玮婷. 我国国有上市公司控制权私有收益和投资者保护问题研究 [D].

上海：上海交通大学，2009.
[56] 吉云. 企业的内部控制权分散——一种企业改革的思路 [J]. 江汉论坛，2007 (10).
[57] 江峰. 国有股转让折价：流动性限制与控制权收益——一项基于上市公司的经验研究 [J]. 上海立信会计学院学报，2005 (3).
[58] 姜林. 企业控制权的机理剖析 [J]. 企业改革与管理，2004 (9).
[59] 姜硕，郭尧. 控制权与收益权分离及其对企业投资规模的影响 [J]. 财会月刊，2007 (29).
[60] 蒋满元，张劲松. 控制权杠杆与现代企业管理方式创新 [J]. 内蒙古农业大学学报（社会科学版），2003 (1).
[61] 金喜在，祝国平. 关于控制权收益的理论探讨与启示 [J]. 中共长春市委党校学报，2004 (5).
[62] 金祥荣，余立智. 控制权市场缺失与民营家族制企业成长中的产权障碍 [J]. 中国农村经济，2002 (8).
[63] 金晓平，孙宏伟. 试论控制权收益的控制对策 [J]. 青岛科技大学学报（社会科学版），2006 (1).
[64] 康芒斯. 制度经济学（下册）[M]. 北京：商务印书馆，2006.
[65] 科斯，诺思，威廉姆森. 制度、契约与组织——从新制度经济学角度的透视 [M]. 北京：经济科学出版社，2003.
[66] 孔维东. 控制权收益与中小股东权益保护 [J]. 市场周刊（研究版），2005 (5).
[67] 蓝楠. 控制权私有收益之谜——股改前后我国上市公司的比较 [M]. 成都：西南财经大学，2012.
[68] 郎咸平. 公司治理 [M]. 北京：社会科学文献出版社，2004.
[69] 劳剑东，李湛. 控制权的相机分配与创业企业融资 [J]. 财经研究，2004 (12).
[70] 李海生. 初探控制权收益和控制权额外收益——中小股东保护和控股股东激励、约束研究 [J]. 社会科学家，2011 (4).
[71] 李建标，王光荣，李晓义，等. 实验市场中的股权结构、信息与控制权收益 [J]. 南开管理评论，2008 (1).
[72] 李美清. 企业控制权配置基于非所有权视角的考察 [J]. 湖南科技学院学报，2005 (8).
[73] 李秋芳. 基于企业控制权的国企管理人员职务犯罪研究 [J]. 商场现代化，

2008 (13).
[74] 李伟. 资本所有者至上理论下的企业控制权安排——股东至上理论与利益相关这理论的逻辑统一 [J]. 中外企业家，2005 (8).
[75] 李香梅. 控制权私有收益对企业投资行为的影响研究——来自中国上市公司的数据 [D]. 济南：山东大学，2013.
[76] 李小军. 控制权收益与企业融资方式选择——基于 Myers—Majluf 模型的分析框架 [J]. 财贸研究，2007 (6).
[77] 李新春. 经理人市场失灵与家族制企业治理 [J]. 管理世界，2003 (4).
[78] 李秀，吴斌. 企业不同控制权状态下监督成本研究 [J]. 新疆财经学院学报，2004 (4).
[79] 李颖. 公司控制权配置研究 [D]. 济南：山东科技大学，2010.
[80] 李烨，胡丕吉. 我国上市公司控制权收益的测度 [J]. 湖南有色金属，2010 (3).
[81] 李圆，王化君. 中国公司控制权市场对企业股价影响的实证研究 [J]. 辽宁经济，2004 (6).
[82] 连建辉，赵林. 国有企业的战略性调整与控制权市场的发展 [J]. 福建师大福清分校学报，2003 (3).
[83] 连建辉. “管理者控制权”重探——管理者与企业剩余控制权的配置 [J]. 财经科学，2004 (4).
[84] 梁光伟. 国有企业剩余索取权和控制权配置与约束机制选择 [J]. 江汉论坛，2002 (7).
[85] 梁天. 公司控制权研究 [D]. 长春：吉林大学，2011.
[86] 梁雄军. 中小改制企业有效治理的基础经营管理骨干拥有控制权 [J]. 中共中央党校学报，2003 (1).
[87] 林峰国. 我国上市公司股权融资偏好新解——基于控制权收益分析 [J]. 山东社会科学，2004 (5).
[88] 林忠. 伯利和米恩斯的股份公司理论研究 [J]. 财经问题研究，1996 (1)
[89] 刘冰. 企业权力争夺与企业治理 [J]. 中国工业经济，2002 (4).
[90] 刘大可. 论人力资本的专用性与企业控制权安排——一个简单的“三人企业”博弈模型及其含义 [J]. 河南大学学报（社会科学版），2003 (1).
[91] 刘峰，贺建刚，魏明海. 控制权、业绩与利益输送 [J]. 管理世界，2004 (8).

[92] 刘根荣. 市场秩序理论研究 [M]. 厦门：厦门大学出版社，2005.
[93] 刘广生. 专用性投资及其治理安排研究的理论进展 [J]. 生产力研究，2010 (3).
[94] 刘立燕. 市场化进程、法律保护与超控制权收益关系的实证研究 [J]. 财务与金融，2012 (4).
[95] 刘立燕，陈杰. 上市公司信息披露质量与超控制权收益关系的实证研究 [J]. 江汉大学学报 (社会科学版)，2011 (1).
[96] 刘立燕，熊胜绪. 金字塔结构、法律环境与超控制权收益——来自中国上市公司的经验证据 [J]. 商业经济与管理，2011 (8).
[97] 刘立燕，熊胜绪. 控制层级、股权制衡与超控制权收益——基于上市公司的实证研究 [J]. 珞珈管理评论，2011 (1).
[98] 刘立燕，熊胜绪. 控制权收益与超控制权收益——基于企业能力的视角 [J]. 经济与管理，2010 (8).
[99] 刘立燕，熊胜绪. 控制权收益与超控制权收益：一个文献综述 [J]. 财务与金融，2010 (5).
[100] 刘茂平. 控制权收益与超控制权收益：大股东补偿与侵占 [J]. 产经评论》2010 年第 4 期。
[101] 刘萍萍. 风险企业的控制权配置研究 [J]. 西北工业大学学报 (社会科学版)，2006 (2).
[102] 刘芍佳，等. 终极产权论、股权结构与公司绩效 [J]. 经济研究，2003 (4).
[103] 刘少波，邓可斌. 大股东控股比例、控制权收益与公司可持续发展 [J]. 金融评论，2010 (5).
[104] 刘晓梦. 信息透明与控制权私人收益相关性的实证研究 [D]. 石家庄：河北经贸大学，2014.
[105] 刘心群，企业本质组织租金的创造与分配 [J]. 重庆教育学院学报，2009 (4).
[106] 刘彦平，宋秀英. 企业控制权的演变及其趋势 [J]. 河北经贸大学学报，2003 年 (5).
[107] 卢昌崇，李仲广，郑文全. 从控制权到收益权合资企业的产权变动路径 [J]. 中国工业经济，2003 (11).
[108] 陆德山. 认识权力 [M]. 北京：中国经济出版社，2000.
[109] 卢兰兰. 上市公司股权结构对控制权私有收益的影响研究 [D]. 湘潭：

湘潭大学，2012.
[110] 卢现祥. 新制度经济学 [D]. 武汉：武汉大学出版社，2004.
[111] 路易斯·普特弗兰克·奈特. 风险不确定性与利润 [M]. 北京：商务印书馆，2006.
[112] 罗纳德·科斯，等. 财产权利与制度变迁——产权学派与新制度学派译文集 [M]. 上海：上海人民出版社，2002.
[113] 罗纳德·科斯，等. 契约经济学 [M]. 北京：经济科学出版社，1999.
[114] 罗能生. 产权的伦理维度 [M]. 北京：人民出版社，2004.
[115] 骆祚炎. 控制权转移失效与公司监管缺失理论及依据 [J]. 上海财经大学学报，2005 (4).
[116] 吕小庆. 现代公司制企业中剩余控制权和剩余索取权的配置 [J]. 经济论坛，2008 (14).
[117] 吕中楼. 新制度经济学研究 [M]. 北京：中国经济出版社，2005.
[118] 马健，叶明. 民营企业技术引进过程中的财产权与控制权变革 [J]. 科学学与科学技术管理，2004 (12).
[119] 马军，毕建秋. 我国家族企业控制权分配的新路径 [J]. 武汉市经济管理干部学院学报，2004 (1).
[120] 马克思. 资本论（第二卷）[M]. 上海：上海三联书店，2009.
[121] 马妍妍. 上市公司控制权私有收益影响因素分析——基于股权结构和董事会特征的视角 [D]. 南京：南京财经大学，2011.
[122] 麦克尼尔. 新社会契约论 [M]. 北京：中国政法大学出版社，1994.
[123] 梅骏. 控制权私有收益与股权结构及其他影响因素的实证分析——基于中国 A 股非金融类上市公司的经验证据 [D]. 苏州：苏州大学，2010.
[124] 年志远. 二元产权经济学 [M]. 北京：经济科学出版社，2008.
[125] 聂辉华. 企业的本质一个前沿综述 [J]. 产业经济评论，2003 (2).
[126] 聂辉华. 声誉、契约与组织 [M]. 北京：中国人民大学出版社，2009.
[127] 聂顺江. 基于企业终极控制权配置的债权人权益保护（英文）[J]. 云南民族学院学报（自然科学版），2003 (2).
[128] 牛德生. 资产专用性理论分析 [J]. 经济经纬，2004 (3).
[129] 欧阳凌，欧阳令南，周红霞. 创业投资企业的控制权配置与非效率投资行为 [J]. 系统工程理论方法应用，2005 (2).

[130] 潘敏，谢献谋．两权分离的实质与我国股份制企业的内部人控制问题［J］．武汉大学学报（社会科学版），2003（1）．

[131] 彭德琳．新制度经济学［M］．武汉：湖北人民出版社，2002．

[132] 彭静．中外公司控制权配置比较研究［M］．成都：西南政法大学，2011．

[133] 彭忠益，左高山．企业家行为：一种伦理规范分析［M］．长沙：湖南人民出版，2004．

[134] 蒲自立，刘芍佳．论公司控制权及对公司绩效的影响分析［J］．财经研究，2004（10）．

[135] 齐超．对企业控制权几个理论问题的思考［J］．吉林工商学院学报，2008（5）．

[136] 齐伟山，欧阳令南．我国上市公司控制权收益的实证研究［J］．金融教学与研究，2004（6）．

[137] 钱春海，郑学信．国有企业控制权转移的效率分析［J］．管理科学，2004（5）．

[138] 青木昌彦．比较制度分析［M］．上海：上海远东出版社，2001．

[139] 曲振涛，杨恺钧．规制经济学［M］．上海：复旦大学出版社，2006．

[140] 冉戎，刘星．合理控制权私有收益与超额控制权私有收益——基于中小股东视角的解释［J］．管理科学学报，2010（6）．

[141] 盛洪．现代制度经济学［M］．北京：北京大学出版社，2004．

[142] 史金平，邓新明．浅论控制权回报激励的扭曲问题——兼谈我国国有企业经营者激励约束机制运行效率低的有关问题［J］．商业经济，2004（7）．

[143] 史玉伟，和丕禅．企业控制权内涵及配置分析［J］．石河子大学学报（哲学社会科学版），2003（1）．

[144] 舒绍敏．股权分置改革、控制权转移与投资者保护：基于控制权私有收益的检验［J］．现代管理科学，2009（10）．

[145] 宋思瑶．我国上市公司控制权收益研究［D］．大连：东北财经大学，2012．

[146] 宋献中，罗晓林．我国民营上市公司财务状况与相关政策的调查研究［J］．财经理论与政策，2003（3）．

[147] 宋玉华，虞迪锋．商业银行对企业控制权配置研究［J］．会计研究，2005（11）．

[148] 苏启林，钟乃雄．民营上市公司控制权形成及其影响研究［J］．管理世界，2005（1）．

[149] 苏启林，朱文. 上市公司家族控制与企业价值 [J]. 经济研究，2003 (8).
[150] 苏启林. 代理问题：公司治理与企业价值 [J]. 中国工业经济，2004 (4).
[151] 苏芝. 试论企业控制权的最优配置 [J]. 经济师，2004 (9).
[152] 孙芳伟. 控制权收益与国有企业并购的产权障碍研究 [J]. 改革与战略，2007 (7).
[153] 孙芳伟. 控制权收益与上市公司控股权定价规则的异化 [J]. 南方金融，2008 (8).
[154] 孙永祥. 公司治理结构：理论与实证研究 [M]. 上海：上海人民出版社，2002.
[155] 覃家琦. 企业管理科层中的控制权配置 [J]. 当代财经，2008 (11).
[156] 谭劲松. 控制权收益与股利政策 [J]. 会计之友，2003 (12).
[157] 谭韵清. 企业控制权与股权结构互动关系 [J]. 合作经济与科技，2005 (19).
[158] 唐清泉，罗党论，王利. 大股东的隧道挖掘与制衡力量 [J]. 现代会计与审计，2005 (1).
[159] 唐炎森. 企业的产生与剩余控制权——兼与杨小凯商榷 [J]. 淮海工学院学报（自然科学版），2004 (1).
[160] 唐勇. 企业制度变迁与控制权配置 [J]. 中共浙江省委党校学报，2004 (2).
[161] 唐跃军，宋渊洋，等. 控股股东卷入、两权偏离与营销战略风格——基于第二类代理问题和终极控制权理论的视角 [J]. 管理世界，2012 (2).
[162] 唐跃军，谢乃明. 大股东制衡机制与现金股利的隧道效应 [J]. 南开经济研究》2006 (1).
[163] 唐宗焜. 公有制企业改革中控制权的分配——河南注油器厂产权制度改革案例研究 [J]. 经济研究，2001 (1).
[164] 唐宗明，奚俊芳，蒋位. 大股东侵害小股东的愿意及影响因素分析 [J]. 上海交通大学学报，2003 (4).
[165] 童卫华. 我国国有企业高管人员报酬控制权激励观 [J]. 经济学家，2005 (6).
[166] 佟岩，王化成. 关联交易、控制权收益与盈余质量 [J]. 会计研究，2007 (4).
[167] 屠巧平. 控制权收益作为国有控股公司高管激励的影响因素研究 [J]. 经济管理，2006 (20).
[168] 屠巧平，张彩玉. 公司接管中基于控制权收益的控股股东行为研究 [J]. 软科学，2005 (16).

[169] 汪丁丁. 制度分析基础讲义 [M]. 上海：上海人民出版社，2005.
[170] 王昌林，蒲勇健. 企业技术创新中的控制权激励机制研究 [J]. 管理工程学报，2005 (3).
[171] 王华，黄之骏. 风险科技企业产权博弈与控制权优化 [J]. 华东经济管理，2005 (6).
[172] 王俊秋. 大股东：控制权收益与盈余管理 [J]. 商业研究，2005 (16).
[173] 王书林. 国有企业民营化、控制权收益与私人收益 [D]. 沈阳：辽宁大学，2011.
[174] 王铁林. 无形资产与企业控制权转移的相关性研究 [J]. 财会研究，2009 (4).
[175] 王雪荣. 上市公司控制权私人收益测度与影响因素实证研究 [J]. 中国管理科学，2009 (10).
[176] 王勇. 控制权安排和企业融资结构——控制权安排的承诺作用和激励作用分析 [J]. 南开经济研究，2003 (1).
[177] 王玉珍. 道德秩序的经济学分析 [M]. 北京：经济科学出版社，2005.
[178] 王月欣. 从动态博弈视角看企业控制权的配置 [J]. 南开经济研究，2004 (4).
[179] 王泽禹. 公司控制权法律规制研究 [D]. 重庆：重庆大学，2012.
[180] 王铮. 公司控制权收益的理论评述 [J]. 经济问题探索，2005 (9).
[181] 王铮. 控制权收益、代理冲突与内部人治理的比较研究——兼论中国转型期公司内部人控制与治理 [D]. 上海：复旦大学，2003..
[182] 王志明，顾海英. 契约失灵框架下的家族企业控制权配置 [J]. 生产力研究，2005 (4).
[183] 魏正红，汪辉，李荣林. 股权特征、控制权收益与企业并购效率 [J]. 中南财经政法大学学报，2007 (4).
[184] 吴春雷，马林梅. 企业高管控制权收益显性化的效果研究 [J]. 东北大学学报 (社会科学版)，2011 (6).
[185] 邬国梅. 控制权收益与上市公司过度投资——来自上市公司股权再融资的经验证据 [J]. 当代财经，2008 (5).
[186] 吴光炳. 中国转轨的经济学分析 [M]. 北京：中国财政经济出版社，2004.
[187] 吴照云，黎军民. 公司治理的核心 [J]. 当代财经，2005 (5).
[188] 谢玲芳，吴冲锋. 股权投资、超额控制与企业价值民营上市公司的经验分

析 [J]. 世界经济，2005 (9).
[189] 谢茂拾，彭秀平. 论控制权收益与大股东人力资本产权参与企业收益分配问题——与刘少波教授商榷 [J]. 内蒙古社会科学（汉文版），2008 (6).
[190] 邢斐. 高新技术企业控制权分配基于合作博弈解释 [J]. 云南财贸学院学报，2005 (5).
[191] 徐浩萍，王立彦. 控制权收益的股权再融资信号探析 [J]. 经济理论与经济管理，2006 (8).
[192] 许红军，田俊改. 创业企业控制权配置模型研究 [J]. 中国民航大学学报，2007 (8).
[193] 徐菁，黄珺. 大股东控制权收益的分享与控制机制研究 [J]. 会计研究，2009 (8).
[194] 徐宁，谭安杰. 控制权收益及其资本化趋势 [J]. 会计研究，2003 (9).
[195] 许萍，简桂梅. 后股权分置时代中国上市公司管理者控制权私有收益研究 [J]. 当代会计评论，2008，5 (1).
[196] 许永斌. 中国上市公司控制权私有收益问题研究 [D]. 杭州：浙江工商大学，2007.
[197] 徐细雄，刘星. 创始人权威、控制权配置与家族企业治理转型——基于国美电器"控制权之争"的案例研究 [J]. 中国工业经济，2012 (2).
[198] 徐晓东. 公司治理与第一大股东的所有权 [D]. 大连：东北财经大学出版社，2006.
[199] 亚当·斯密. 国民财富性质和原因的研究（上） [M]. 北京：商务印书馆，1972.
[200] 严冰，蒋代谦. 西方企业剩余控制权的主要观点及对中国国企改革的启示 [J]. 四川工业学院学报，2002 (4).
[201] 严清华，等. 路径依赖：管理哲理与第三种调节方式研究 [M]. 武汉：武汉大学出版社，2005.
[202] 颜光华，沈磊，蒋士成. 基于资产专有性的企业控制权配置 [J]. 财经论丛，2005 (2).
[203] 杨传柱. 民营控股上市公司超控制权私人收益研究 [D]. 广州：暨南大学，2011.
[204] 杨瑞龙. 企业理论：现代观点 [M]. 北京：中国人民大学出版社，2005.

[205] 杨松，王平，肇启伟. 基于资本资产定价模型的控制权收益度量［J］. 财经科学，2008（5）.

[206] 杨轶. 从我国上市公司股权分置改革看国有企业控制权问题［J］. 沿海企业与科技，2006（1）.

[207] 杨志强，石本仁. 高管公平性偏好、私人控制权收益与公司价值——来自A股上市公司行业基准的经验证据［J］. 财经研究，2014（3）.

[208] 姚佐文. 风险资本家与企业家之间的控制权分配和转移［J］. 安徽农业大学学报，2004（3）.

[209] 叶国灿. 论家族制企业控制权的转移与内部治理结构的演变［J］. 管理世界，2004（4）.

[210] 叶勇，胡培，黄登仕. 上市公司终极控制权、股权结构及公司绩效［J］. 管理科学，2005（4）.

[211] 叶勇，黄雷. 终极控制股东、控制权溢价和公司治理研究［J］. 管理科学，2004（10）.

[212] 叶勇，刘波，黄雷. 终极控制权、现金流量权与企业价值——基于隐性终极控制论的中国上市公司治理实证研究［J］. 管理科学学报，2007（2）.

[213] 游达明，沈屹东. 中国上市公司超控制权收益的实证研究［J］. 企业管理，2008（2）.

[214] 于成永，施建军，方红. 控制权、规模与并购绩效——基于沪深制造业上市公司的实证研究［J］. 国际贸易问题，2013（5）.

[215] 余功文，王巧丽. 基于企业内部产权结构下的企业控制权［J］. 华中农业大学学报（社会科学版），2006（4）.

[216] 袁建昌. 技术型人力资本分享企业剩余索取权与剩余控制权的制度安排［J］. 科学管理研究，2005（3）.

[217] 曾楚宏，林丹明，王斌. 基于资源基础观的企业控制权配置论［J］. 中南财经政法大学学报，2008（5）.

[218] 曾林阳. 大股东超控制权收益和合理控制权收益实现路径［J］. 云南民族大学学报》（哲学社会科学版），2008（4）.

[219] 张华，张俊喜，宋敏. 所有权和控制权分离对企业价值的影响——我国民营上市企业的实证研究［J］. 经济学（季刊），2004（1）.

[220] 张林. 新制度主义［M］. 北京：经济日报出版社，2006.

[221] 张明. 乡镇企业控制权配置变迁路径分析 [J]. 农业经济，2008 (6).
[222] 张维迎. 博弈论与信息经济学 [M]. 上海：上海人民出版社，1996.
[223] 张文显. 法学基本范畴研究 [M]. 北京：中国政法大学出版社，1993.
[224] 张详建，刘建军，徐晋. 大股东终极控制与掠夺行为研究 [J]. 当代经济科学，2004 (9).
[225] 张新艳. 银企战略联盟下的企业控制权配置问题研究 [J]. 企业经济，2009 (4).
[226] 张炎. 政府干预、控制权私有收益与企业价值 [D]. 石河子：石河子大学，2013.
[227] 张翼，马光. 法律、公司治理与公司丑闻 [J]. 管理世界，2005 (10).
[228] 赵昌文，蒲自立，杨安华. 中国上市公司控制权私有收益的度量及影响因素 [J]. 中国工业经济，2004 (6).
[229] 赵静. 国有企业公司法人治理结构的关键——企业控制权和激励制度设计》[J]. 内蒙古科技与经济，2009 (11).
[230] 赵晓容，陈俊芳，赵鸣雷. 基于效用的虚拟企业控制权结构配置的研究 [J]. 华中科技大学学报 (自然科学版)，2004 (1).
[231] 郑海燕. 上市公司控股股东控制权收益制约机制研究——来自民营公司数据 [J]. 财会通讯，2014 (2下).
[232] 郑文哲，夏风. 家族制企业的控制权类型及其转换 [J]. 科技与管理，2006 (1).
[233] 周冰，郑志. 公有制企业改革中控制权的分配 [J]. 经济研究，2001 (1).
[234] 周其仁. 产权与制度变迁 [M]. 北京：社会科学文献出版社，2002.
[235] 周源源，周扬波. 家族企业控制权让渡及其治理模式演进的研究 [J]. 北方经济，2006 (12).
[236] 邹小平，伊彩红. 浅析上市民营企业所有权与控制权的两难选择 [J]. 北方经贸，2005 (3).
[237] DE MIGUEL, JULIO PINDADO , CHABEAL DE LA TORRE. Ownership Structure Firm Value [J]. New Evidenee From Spain, Strategy Management Joumal, 2004.
[238] Bai, Chongen, Qiao Liu, Frank Song. The value of Coporate Control: Evidence from Chinese ST firms  Working Paper [J]. University of

Hong Kong，2002.

[239] Barclay M. J. ，Holderness C. G.. Private Benefits from Control of Public Corporations [J]. Journal of Financial Economics，1989.

[240] Beeht M. ，Mayer C. P.. The Control of Corporate Europe [M]. Oxford University Press，2001.

[241] Benjalnin Maury. Family Ownership and Firm Performanee：Empirical Evidence from western European corporations [J]. Joumal of Coporate Finance，2006.

[242] Berglof，Erick A.. Control theory of venture finance [J]. Journal of Law，Economics，and Organization，1994.

[243] Betrand M. ，Mehta P.. Mullainathan：Ferreting Ou tTunneling：An Application to Indaian Business Group [J]. The Quarterly Journal of Eeonomies，2002.

[244] Burkart，Mike，Fausto，Panunzi，and Andrei Shleifer. Family Firms [J]. Journal of Finance，2003.

[245] Coles J W，W S Hesterly. Independent of the Chairman and Board Composition：Firm Choice and Shareholder Value [J]. Journal of Management，2000.

[246] Dewatripon，M. ，J. Tirole. A Theory of Debt and Equity. Diversity of Securities and Manager Shareholder Congruence [J]. Quarterly Journal of Economics，1994.

[247] Hart O.. Financial Contracting [J]. Journal of Economic Literature，2001.

[248] Hart，O.. Firm，Contracts and Financial Structure [M]. Oxford：Oxford University Press，1998.

[249] Hellmann T.. The allocation of control rights in venture capital contracts [J]. Rand Journal of Economics，1998.

[250] Holmstrom，Bengt. The Firm as a Subeconomy [J]. Journal of Economics Law and institution，1999.

[251] Klein，B，et al.. Vertical Integration，Appropriable Rents and the Competitive Contracting Process [J]. Journal of Law and Economics，1978.

[252] Louis Loss. Fundamentals of Securities Regulation [J]. Boston：Little

Brown，1998.

[253] Masin，Eric，Jean Tirole. Unforeseen Contingencies，Property Right，and Incomplete Contracts [J]. Review of Economic Studies，1999.

[254] O. Hart ，J. Moore. Incomplete Contracts and Renegotiation [J]. Econometrica，1988.

[255] Weston，J. Fred，Chung，K. Wang S.，Siu Juan A.. Takeovers：Restructuring and Corporate Governance [J]. Prentice Hall，1998.

[256] Williamson O.. The Economic Institute of Capitalism [M]. New York：Free Press，1985.

[257] Zingales L.. The Value of the Voting Right：A study of the Milan Stock Exchange Experience [J]. Review ofFinancial Studies，1994.

# 附 录

## 附录A 样本上市公司相关统计表

表 A1：样本上市公司基本情况统计表

| 股票代码 | 公司名称 | 上市时间 | 上市年限 | 资产规模（亿元） | 所属行业 | 省份 |
|---|---|---|---|---|---|---|
| 000056 | *ST国商 | 1996 | 17 | 20.0648 | 房地产管理业 | 广东 |
| 000416 | 民生投资 | 1996 | 17 | 9.6165 | 零售业 | 山东 |
| 000418 | 小天鹅A | 1997 | 16 | 84.0371 | 电器机械及器材制造业 | 江苏 |
| 000506 | 中润资源 | 1993 | 20 | 51.4784 | 房地产开发与经营业 | 山东 |
| 000517 | 荣安地产 | 1993 | 20 | 107.2879 | 房地产开发与经营业 | 浙江 |
| 000518 | 四环生物 | 1993 | 20 | 9.1285 | 生物制品业 | 江苏 |
| 000536 | 华映科技 | 1993 | 20 | 57.8991 | 电子元器件制造业 | 福建 |
| 000576 | 广东甘化 | 1994 | 19 | 9.1991 | 批发业 | 广东 |
| 000586 | 汇源通信 | 1995 | 18 | 5.1416 | 其他通信服务业 | 四川 |
| 000587 | 金叶珠宝 | 1996 | 17 | 19.4819 | 有色金属冶炼及压延加工业 | 黑龙江 |
| 000592 | 中福实业 | 1996 | 17 | 18.2524 | 林业 | 福建 |
| 000594 | *ST国恒 | 1996 | 17 | 41.5954 | 金属材料批发业 | 天津 |
| 000595 | 西北轴承 | 1996 | 17 | 8.4241 | 普通机械制造业 | 宁夏 |
| 000603 | 盛达矿业 | 1996 | 17 | 10.5072 | 有色金属矿采选业 | 重庆 |
| 000611 | 四海股份 | 1996 | 17 | 7.1756 | 纺织业 | 内蒙古 |
| 000615 | 湖北金环 | 1996 | 17 | 14.6595 | 化学纤维制造业 | 湖北 |
| 000620 | 新华联 | 1996 | 17 | 101.1505 | 房地产开发与经营业 | 北京 |
| 000631 | 顺发恒业 | 1996 | 17 | 110.7758 | 房地产开发与经营业 | 吉林 |
| 000639 | 西王食品 | 1996 | 17 | 14.3085 | 食品加工业 | 山东 |
| 000668 | 荣丰控股 | 1996 | 17 | 11.1538 | 房地产开发与经营业 | 上海 |
| 000669 | 金鸿能源 | 1996 | 17 | 48.8702 | 煤气供应业 | 吉林 |
| 000672 | 上峰水泥 | 1996 | 17 | 0.9652 | 零售业 | 甘肃 |

续表

| 股票代码 | 公司名称 | 上市时间 | 上市年限 | 资产规模（亿元） | 所属行业 | 省份 |
|---|---|---|---|---|---|---|
| 000673 | 当代东方 | 1997 | 16 | 0.7871 | 艺术业 | 山西 |
| 000676 | *ST 思达 | 1996 | 17 | 8.1516 | 仪器仪表及文化、办公用机械制造业 | 河南 |
| 000697 | 炼石有色 | 1997 | 16 | 5.9958 | 稀有稀土金属矿采选业 | 陕西 |
| 000703 | 恒逸石化 | 1997 | 16 | 212.4053 | 化学纤维制造业 | 广西 |
| 000732 | 泰禾集团 | 1997 | 16 | 136.4036 | 房地产开发与经营业 | 福建 |
| 000760 | 博盈投资 | 1997 | 16 | 8.2451 | 交通运输设备制造业 | 湖北 |
| 000818 | 方大化工 | 1997 | 16 | 27.1497 | 化学原料及化学制品制造业 | 辽宁 |
| 000820 | 金城股份 | 1998 | 15 | 6.5758 | 造纸及纸制品业 | 辽宁 |
| 000863 | 三湘股份 | 1997 | 16 | 52.1716 | 房地产开发与经营业 | 上海 |
| 000889 | 茂业物流 | 1997 | 16 | 18.2952 | 批发业 | 河北 |
| 000979 | 中弘股份 | 2000 | 13 | 89.7408 | 房地产开发与经营业 | 安徽 |
| 000981 | 银亿股份 | 2000 | 13 | 187.7067 | 房地产开发与经营业 | 甘肃 |
| 000995 | 皇台酒业 | 2000 | 13 | 4.4787 | 饮料制造业 | 甘肃 |
| 002002 | 鸿达兴业 | 2004 | 9 | 3.012 | 石油化工 | 江苏 |
| 002015 | 霞客环保 | 2004 | 9 | 2.8122 | 纺织服装 | 江苏 |
| 002018 | 华星化工 | 2004 | 9 | 15.0571 | 化学原料及化学制品制造业 | 安徽 |
| 002036 | 宜科科技 | 2004 | 9 | 7.3514 | 纺织服装 | 浙江 |
| 002038 | 双鹭药业 | 2004 | 9 | 22.167 | 生物制药业 | 北京 |
| 002049 | 同方国芯 | 2005 | 8 | 27.2515 | 电子元器件制造业 | 河北 |
| 002063 | 远光软件 | 2006 | 7 | 13.7999 | 信息技术业 | 广东 |
| 002074 | 东源电器 | 2006 | 7 | 10.788 | 电器机械及器材制造业 | 江苏 |
| 002099 | 海翔药业 | 2006 | 7 | 19.1802 | 医药制造 | 浙江 |
| 002113 | 天润控股 | 2007 | 6 | 1.5448 | 房地产开发与经营业 | 湖南 |
| 002142 | 宁波银行* | 2007 | 6 | 3735.3658 | 货币金融服务 | 浙江 |
| 002145 | 中核钛白 | 2007 | 6 | 5.207 | 化学原料及化学制品制造业 | 甘肃 |
| 002188 | 新嘉联 | 2007 | 6 | 3.676 | 电子元器件制造业 | 浙江 |
| 002195 | 海隆软件* | 2007 | 6 | 4.8582 | 信息技术业 | 上海 |

续表

| 股票代码 | 公司名称 | 上市时间 | 上市年限 | 资产规模（亿元） | 所属行业 | 省份 |
|---|---|---|---|---|---|---|
| 002226 | 江南化工 | 2008 | 5 | 34.5605 | 化学原料及化学制品制造业 | 安徽 |
| 002229 | 鸿博股份 | 2008 | 5 | 12.493 | 印刷业 | 福建 |
| 002230 | 科大讯飞 | 2008 | 5 | 18.5338 | 信息技术业 | 安徽 |
| 002231 | 奥维通信 | 2008 | 5 | 7.9779 | 通信设备制造业 | 辽宁 |
| 002280 | 新世纪 | 2009 | 4 | 5.597 | 信息技术业 | 浙江 |
| 002328 | 新朋股份 | 2009 | 4 | 29.935 | 金属制品业 | 上海 |
| 002355 | 兴民钢圈 | 2010 | 3 | 27.421 | 交通运输设备制造业 | 山东 |
| 002581 | 万昌科技 | 2011 | 2 | 7.2902 | 化学原料及化学制品制造业 | 山东 |
| 600051 | 宁波联合 | 1997 | 16 | 30.2393 | 批发业 | 浙江 |
| 600077 | 宋都股份 | 1997 | 16 | 21.8632 | 房地产开发与经营业 | 辽宁 |
| 600083 | 博信股份 | 1997 | 16 | 0.442 | 电子元器件制造业 | 广东 |
| 600091 | ST 明科 | 1997 | 16 | 13.3629 | 化学原料及化学制品制造业 | 内蒙古 |
| 600093 | 嘉禾股份 | 1997 | 16 | 6.9112 | 交通运输设备制造业 | 四川 |
| 600094 | 大名城 | 1997 | 16 | 103.8549 | 房地产开发与经营业 | 上海 |
| 600097 | 开创国际 | 1997 | 16 | 13.2105 | 渔业 | 上海 |
| 600145 | 国创能源 | 1999 | 14 | 2.4311 | 装修装饰业 | 贵州 |
| 600146 | 大元股份 | 1999 | 14 | 4.6613 | 石油加工及炼焦业 | 宁夏 |
| 600165 | 新日恒力 | 1998 | 15 | 25.3828 | 金属制品业 | 宁夏 |
| 600175 | 美都控股 | 1999 | 14 | 51.2582 | 批发业 | 浙江 |
| 600180 | 瑞茂通 | 1998 | 15 | 20.2547 | 煤炭采选服务业 | 山东 |
| 600201 | 金宇集团 | 1999 | 14 | 18.8284 | 医药制造业 | 内蒙古 |
| 600209 | 罗顿发展 | 1999 | 14 | 11.668 | 建筑装饰和其他建筑业 | 海南 |
| 600242 | 中昌海运 | 2000 | 13 | 24.8127 | 渔业 | 广东 |
| 600280 | 南京中商 | 2000 | 13 | 86.9693 | 零售业 | 江苏 |
| 600306 | 商业城 | 2000 | 13 | 33.885 | 零售业 | 辽宁 |
| 600330 | 天通控股 | 2001 | 12 | 24.346 | 电子元器件制造业 | 浙江 |
| 600340 | 华夏幸福 | 2003 | 10 | 431.9345 | 房地产开发与经营业 | 浙江 |
| 600365 | 通葡股份 | 2001 | 12 | 3.4904 | 食品制造业 | 吉林 |

续表

| 股票代码 | 公司名称 | 上市时间 | 上市年限 | 资产规模（亿元） | 所属行业 | 省份 |
|---|---|---|---|---|---|---|
| 600410 | 华胜天成 | 2004 | 9 | 45.5574 | 计算机应用服务业 | 北京 |
| 600462 | 石岘纸业 | 2003 | 10 | 5.0001 | 造纸及纸制品业 | 吉林 |
| 600466 | 迪康药业 | 2001 | 12 | 6.4274 | 医药制造业 | 四川 |
| 600485 | 中创信测 | 2003 | 10 | 5.9952 | 通信设备制造业 | 北京 |
| 600532 | 宏达矿业 | 2002 | 11 | 16.5702 | 化学原料及化学制品制造业 | 山东 |
| 600537 | 亿晶光电 | 2003 | 10 | 48.5829 | 电子元器件制造业 | 浙江 |
| 600577 | 精达股份 | 2002 | 11 | 41.7873 | 电器机械及器材制造业 | 安徽 |
| 600601 | 方正科技 | 1990 | 23 | 65.2565 | 计算机及相关设备制造业 | 上海 |
| 600615 | 丰华股份 | 1992 | 21 | 5.3289 | 房地产开发与经营业 | 上海 |
| 600617 | *ST联华2 | 1992 | 21 | 0.2032 | 化学纤维制造业 | 上海 |
| 600656 | 博元投资 | 1990 | 23 | 5.9233 | 化学原料及化学制品制造业 | 广东 |
| 600657 | 信达地产 | 1993 | 20 | 195.6406 | 房地产开发与经营业 | 北京 |
| 600682 | 南京新百 | 1993 | 20 | 37.451 | 零售业 | 江苏 |
| 600699 | 均胜电子 | 1993 | 20 | 51.6629 | 交通运输设备制造业 | 吉林 |
| 600703 | 三安光电 | 1996 | 17 | 116.4215 | 电子元器件制造业 | 湖北 |
| 600716 | 凤凰股份 | 1996 | 17 | 68.1725 | 房地产开发与经营业 | 江苏 |
| 600734 | 实达集团 | 1996 | 17 | 10.6335 | 房地产开发与经营业 | 福建 |
| 600777 | 新潮实业 | 1996 | 17 | 56.6126 | 批发业 | 山东 |
| 600803 | 威远生化 | 1994 | 19 | 20.3536 | 化学原料及化学制品制造业 | 河北 |
| 600823 | 世茂股份 | 1994 | 19 | 370.8449 | 房地产开发与经营业 | 上海 |
| 600885 | 宏发股份 | 1996 | 17 | 29.619 | 电子元器件制造业 | 湖北 |
| 600898 | 三联商社 | 1996 | 17 | 5.8318 | 批发业 | 山东 |
| 600986 | 科达股份 | 2004 | 9 | 27.9523 | 土木工程建筑业 | 山东 |
| 600988 | 赤峰黄金 | 2004 | 9 | 5.0628 | 交通运输设备制造业 | 广东 |

表 A2：样本上市公司控股股东情况统计表

| 股票代码 | 公司名称 | 控股股东持股比例 | 交易时间 | 成交价格 | 交易股权比例 |
|---|---|---|---|---|---|
| 000056 | *ST 国商 | 13.70% | 2009 年 7 月 | 3.47 | 13.70% |
| 000416 | 民生投资 | 22.56% | 2009 年 4 月 | 1.22 | 22.56% |
| 000418 | 小天鹅 A | 35.20% | 2008 年 4 月 | 19.16 | 24.01% |
| 000506 | 中润资源 | 47.17% | 2008 年 12 月 | 3.52 | 47.09% |
| 000517 | 荣安地产 | 78.02% | 2009 年 4 月 | 2.92 | 78.02% |
| 000518 | 四环生物 | 3.89% | 2011 年 9 月 | 5 | 3.89% |
| 000536 | 华映科技 | 70.77% | 2010 年 4 月 | 4.36 | 71.42% |
| 000576 | 广东甘化 | 19.82 | 2011 年 2 月 | 6.59 | 19.82% |
| 000586 | 汇源通信 | 20.68% | 2009 年 5 月 | 2.25 | 20.68% |
| 000587 | 金叶珠宝 | 29.95% | 2011 年 1 月 | 10 | 29.95% |
| 000592 | 中福实业 | 35.88% | 2008 年 1 月 | 1.25 | 54.80% |
| 000594 | *ST 国恒 | 13.81% | 2009 年上半年 | 4.5 | 18.78% |
| 000595 | 西北轴承 | 20% | 2011 年 2 月 | 9.35 | 20.00% |
| 000603 | 盛达矿业 | 45.64% | 2008 年 9 月 | 5.65 | 23.32% |
| 000611 | 四海股份 | 15.54% | 2009 年 3 月 | 2.62 | 15.54% |
| 000615 | 湖北金环 | 16.38% | 2008 年 3 月 | 5.39 | 21.22% |
| 000620 | 新华联 | 65.98% | 2011 年 4 月 | 2.27 | 65.98% |
| 000631 | 顺发恒业 | 62.77% | 2009 年 3 月 | 1.17 | 62.77% |
| 000639 | 西王食品 | 41.96% | 2010 年 12 月 | 3.3 | 41.96% |
| 000668 | 荣丰控股 | 39.28% | 2008 年 9 月 | 4.48 | 49.97% |
| 000669 | 金鸿能源 | 25.65% | 2012 年 3 月 | 21.87 | 25.65% |
| 000672 | 上峰水泥 | 17.17% | 2009 年 10 月 | 3.69 | 17.17% |
| 000673 | 当代东方 | 29.99% | 2010 年 12 月 | 1.04 | 29.99% |
| 000676 | *ST 思达 | 29.24% | 2009 年 10 月 | 4.57 | 29.24% |
| 000697 | 炼石有色 | 28.80% | 2012 年 1 月 | 2.2 | 28.80% |
| 000703 | 恒逸石化 | 71.17% | 2011 年 5 月 | 9.78 | 71.17% |
| 000732 | 泰禾集团 | 79.57% | 2008 年 4 月 | 8.97 | 12.73% |
| 000760 | 博盈投资 | 6.12% | 2011 年 11 月 | 8 | 7.18% |
| 000818 | 方大化工 | 39.14% | 2011 年 11 月 | 0.88 | 39.14% |

续表

| 股票代码 | 公司名称 | 控股股东持股比例 | 交易时间 | 成交价格 | 交易股权比例 |
|---|---|---|---|---|---|
| 000820 | 金城股份 | 13.91% | 2012 年 11 月 | 1.99 | 13.91% |
| 000863 | 三湘股份 | 44.64% | 2011 年 10 月 | 3 | 44.64% |
| 000889 | 茂业物流 | 46.70% | 2009 年 9 月 | 6.1 | 5.30% |
| 000979 | 中弘股份 | 70.75% | 2008 年 4 月 | 5 | 8.87% |
| 000981 | 银亿股份 | 89.41% | 2011 年 5 月 | 4.75 | 89.41% |
| 000995 | 皇台酒业 | 19.60% | 2010 年 2 月 | 6.36 | 19.60% |
| 002002 | 鸿达兴业 | 18.27% | 2011 年 12 月 | 10 | 18.27% |
| 002015 | 霞客环保 | 13.71% | 2012 年 1 月 | 8.715 | 3.21% |
| 002018 | 华星化工 | 8.63% | 2010 年 12 月 | 7.97 | 6.88% |
| 002036 | 宜科科技 | 29.84% | 2010 年 11 月 | 10.56 | 17.00% |
| 002038 | 双鹭药业 | 22.66% | 2011 年 5 月 | 1.66 | 0.25% |
| 002049 | 同方国芯 | 42.28% | 2009 年 6 月 | 8% | 25.00% |
| 002063 | 远光软件 | 13.34% | 2011 年 4 月 | 11.87 | 10.97% |
| 002074 | 东源电器 | 17.03% | 2010 年 8 月 | 10.08 | 18.26% |
| 002099 | 海翔药业 | 24.41% | 2010 年 9 月 | 13.325 | 21.68% |
| 002113 | 天润控股 | 21.45% | 2010 年 6 月 | 9.58 | 21.45% |
| 002142 | 宁波银行 * | 13.74% | 2010 年 10 月 | 11.63 | 3.74% |
| 002145 | 中核钛白 | 15.79% | 2012 年 8 月 | 2.21 | 15.79% |
| 002188 | 新嘉联 | 16.06% | 2012 年 2 月 | 10 | 5.13% |
| 002195 | 海隆软件 * | 17.62% | 2010 年 11 月 | 17.8 | 4.86% |
| 002226 | 江南化工 | 33.23% | 2011 年 6 月 | 14.18 | 33.23% |
| 002229 | 鸿博股份 | 22.75% | 2012 年 3 月 | 9.64 | 1.62% |
| 002230 | 科大讯飞 | 6.80% | 2012 年 6 月 | 24.58 | 2.40% |
| 002231 | 奥维通信 | 30.27% | 2012 年 9 月 | 7.06 | 4.36% |
| 002280 | 新世纪 | 16.91% | 2012 年 4 月 | 13.52 | 16.91% |
| 002328 | 新朋股份 | 36% | 2012 年 9 月 | 6.09 | 15.67% |
| 002355 | 兴民钢圈 | 33.74% | 2011 年 4 月 | 16.62 | 41.31% |
| 002581 | 万昌科技 | 23.47% | 2011 年 5 月 | 19.08 | 30.44% |
| 600051 | 宁波联合 | 29.90% | 2010 年 4 月 | 8.53 | 29.90% |

续表

| 股票代码 | 公司名称 | 控股股东持股比例 | 交易时间 | 成交价格 | 交易股权比例 |
|---|---|---|---|---|---|
| 600077 | 宋都股份 | 55.86% | 2010 年 4 月 | 8.63 | 17.53% |
| 600083 | 博信股份 | 14.09% | 2009 年 10 月 | 7.6 | 14.09% |
| 600091 | ST 明科 | 15% | 2008 年 9 月 | 3.02 | 10.00% |
| 600093 | 嘉禾股份 | 23.57% | 2012 年 6 月 | 4.17 | 23.57% |
| 600094 | 大名城 | 54.51% | 2009 年 4 月 | 0.047 | 15.67% |
| 600097 | 开创国际 | 43.02% | 2008 年 5 月 | 12.53 | 43.02% |
| 600145 | 国创能源 | 9.40% | 2011 年 11 月 | 7.96 | 3.28% |
| 600146 | 大元股份 | 8.50% | 2009 年 7 月 | 11 | 25.40% |
| 600165 | 新日恒力 | 29.76% | 2011 年 9 月 | 7.02 | 29.20% |
| 600175 | 美都控股 | 21.79% | 2012 年 5 月 | 2.5 | 9.56% |
| 600180 | 瑞茂通 | 71.12% | 2012 年 8 月 | 4.3 | 71.12% |
| 600201 | 金宇集团 | 11.97% | 2008 年 2 月 | 17.88 | 1.50% |
| 600209 | 罗顿发展 | 20% | 2012 年 11 月 | 4.73 | 4.95% |
| 600242 | 中昌海运 | 25.41% | 2010 年 9 月 | 3.65 | 25.41% |
| 600280 | 南京中商 | 40.41% | 2012 年 8 月 | 24.78 | 7.95% |
| 600306 | 商业城 | 12.51% | 2009 年 4 月 | 12.88 | 11.74% |
| 600330 | 天通控股 | 8.11% | 2009 年 3 月 | 15.68 | 1.27% |
| 600340 | 华夏幸福 | 68.88% | 2009 年 6 月 | 7.11 | 21.31% |
| 600365 | 通葡股份 | 7.21% | 2012 年 5 月 | 7.27 | 7.21% |
| 600410 | 华胜天成 | 9.96% | 2009 年 8 月 | 11.45 | 3.94% |
| 600462 | 石岘纸业 | 24.68% | 2012 年 10 月 | 3.13 | 24.68% |
| 600466 | 迪康药业 | 13.97% | 2008 年 6 月 | 6.14 | 29.90% |
| 600485 | 中创信测 | 14.43% | 2011 年 7 月 | 14.9 | 9.45% |
| 600532 | 宏达矿业 | 64.93% | 2011 年 2 月 | 9.5 | 20.38% |
| 600537 | 亿晶光电 | 39.56% | 2011 年 11 月 | 7.97 | 37.97% |
| 600577 | 精达股份 | 14.98% | 2010 年 8 月 | 10 | 18.34% |
| 600601 | 方正科技 | 11.65% | 2011 年 10 月 | 2.63 | 11.65% |
| 600615 | 丰华股份 | 24.38% | 2012 年 8 月 | 12 | 20.05% |
| 600617 | *ST 联华 2 | 10.72% | 2010 年 9 月 | 10 | 12.18% |

续表

| 股票代码 | 公司名称 | 控股股东持股比例 | 交易时间 | 成交价格 | 交易股权比例 |
|---|---|---|---|---|---|
| 600656 | 博元投资 | 10.49% | 2010年6月 | 4.63 | 21.00% |
| 600657 | 信达地产 | 54.75% | 2008年5月 | 10.39 | 12.07% |
| 600682 | 南京新百 | 21.98% | 2011年6月 | 9.87 | 17.00% |
| 600699 | 均胜电子 | 69.12% | 2010年8月 | 5.28 | 21.83% |
| 600703 | 三安光电 | 35.02% | 2008年6月 | 4.33 | 45.43% |
| 600716 | 凤凰股份 | 60.62% | 2009年 | 5.06 | 47.49% |
| 600734 | 实达集团 | 20.96% | 2008年10月 | 1.07 | 23.10% |
| 600777 | 新潮实业 | 20.90% | 2008年4月 | 0.27 | 20.90% |
| 600803 | 威远生化 | 24.18% | 2011年 | 7.31 | 24.18% |
| 600823 | 世茂股份 | 47.67% | 2009年5月 | 12.05 | 47.67% |
| 600885 | 宏发股份 | 38.31% | 2012年10月 | 11.33 | 38.31% |
| 600898 | 三联商社 | 10.69% | 2008年8月 | 19.9 | 10.69% |
| 600986 | 科达股份 | 18.37% | 2011年5月 | 7.99 | 3.56% |
| 600988 | 赤峰黄金 | 37.44% | 2012年12月 | 8.68 | 37.43% |

表 A3：样本上市公司经营绩效统计表

| 股票代码 | 公司名称 | 成交后平均每股收益 | 成交后平均净资产收益率 |
|---|---|---|---|
| 000056 | *ST 国商 | −0.308 | 101.950 |
| 000416 | 民生投资 | 0.080 | 5.898 |
| 000418 | 小天鹅 A | 0.508 | 11.422 |
| 000506 | 中润资源 | 0.326 | 35.040 |
| 000517 | 荣安地产 | 0.460 | 27.403 |
| 000518 | 四环生物 | 0.002 | 0.255 |
| 000536 | 华映科技 | 0.466 | 13.243 |
| 000576 | 广东甘化 | −0.230 | −28.040 |
| 000586 | 汇源通信 | 0.108 | 14.483 |
| 000587 | 金叶珠宝 | 0.650 | 114.030 |
| 000592 | 中福实业 | 0.062 | 12.426 |
| 000594 | *ST 国恒 | −0.008 | −0.363 |
| 000595 | 西北轴承 | 0.035 | 3.545 |
| 000603 | 盛达矿业 | 0.456 | 43.732 |
| 000611 | 四海股份 | −0.003 | 3.765 |
| 000615 | 湖北金环 | −0.036 | −0.178 |
| 000620 | 新华联 | 0.370 | 22.745 |
| 000631 | 顺发恒业 | 0.435 | 25.093 |
| 000639 | 西王食品 | 0.685 | 13.447 |
| 000668 | 荣丰控股 | 0.488 | 9.932 |
| 000669 | 金鸿能源 | 1.478 | 16.620 |
| 000672 | 上峰水泥 | 0.014 | 16.310 |
| 000673 | 当代东方 | −0.025 | −395.933 |
| 000676 | *ST 思达 | −0.241 | −23.390 |
| 000697 | 炼石有色 | 0.093 | 9.400 |
| 000703 | 恒逸石化 | 1.065 | 25.000 |
| 000732 | 泰禾集团 | 0.434 | 21.362 |
| 000760 | 博盈投资 | 0.020 | 2.360 |
| 000818 | 方大化工 | 0.100 | 4.120 |

续表

| 股票代码 | 公司名称 | 成交后平均每股收益 | 成交后平均净资产收益率 |
|---|---|---|---|
| 000820 | 金城股份 | 2.100 | 394.190 |
| 000863 | 三湘股份 | 0.505 | 33.320 |
| 000889 | 茂业物流 | 0.082 | 4.123 |
| 000979 | 中弘股份 | 0.616 | 42.572 |
| 000981 | 银亿股份 | 0.815 | 23.545 |
| 000995 | 皇台酒业 | −0.080 | −7.387 |
| 002002 | 鸿达兴业 | 0.015 | 2.940 |
| 002015 | 霞客环保 | 0.030 | 0.930 |
| 002018 | 华星化工 | −0.013 | −0.673 |
| 002036 | 宜科科技 | 0.070 | 4.227 |
| 002038 | 双鹭药业 | 1.320 | 31.810 |
| 002049 | 同方国芯 | 0.430 | 10.325 |
| 002063 | 远光软件 | 0.565 | 25.680 |
| 002074 | 东源电器 | 0.133 | 8.037 |
| 002099 | 海翔药业 | 0.223 | 11.067 |
| 002113 | 天润控股 | −0.797 | −43.080 |
| 002142 | 宁波银行 * | 1.150 | 19.770 |
| 002145 | 中核钛白 | 0.010 | 1.420 |
| 002188 | 新嘉联 | −0.060 | −2.750 |
| 002195 | 海隆软件 * | 0.520 | 17.163 |
| 002226 | 江南化工 | 0.620 | 12.235 |
| 002229 | 鸿博股份 | 0.170 | 6.530 |
| 002230 | 科大讯飞 | 0.480 | 14.640 |
| 002231 | 奥维通信 | 0.143 | 7.540 |
| 002280 | 新世纪 | 0.040 | 0.960 |
| 002328 | 新朋股份 | 0.070 | 1.570 |
| 002355 | 兴民钢圈 | 0.410 | 6.845 |
| 002581 | 万昌科技 | 0.745 | 13.605 |
| 600051 | 宁波联合 | 0.473 | 8.613 |

续表

| 股票代码 | 公司名称 | 成交后平均每股收益 | 成交后平均净资产收益率 |
|---|---|---|---|
| 600077 | 宋都股份 | 0.387 | 20.800 |
| 600083 | 博信股份 | −0.006 | −33.937 |
| 600091 | ST 明科 | −0.768 | −22.698 |
| 600093 | 嘉禾股份 | 0.062 | 5.470 |
| 600094 | 大名城 | 0.226 | 64.658 |
| 600097 | 开创国际 | 0.728 | 13.082 |
| 600145 | 国创能源 | −0.025 | −5.070 |
| 600146 | 大元股份 | −0.119 | −8.678 |
| 600165 | 新日恒力 | 0.081 | 2.244 |
| 600175 | 美都控股 | 0.060 | 4.310 |
| 600180 | 瑞茂通 | 0.544 | 35.890 |
| 600201 | 金宇集团 | 0.380 | 12.620 |
| 600209 | 罗顿发展 | 0.004 | 0.240 |
| 600242 | 中昌海运 | 0.067 | 5.500 |
| 600280 | 南京中商 | 0.404 | 8.120 |
| 600306 | 商业城 | −0.168 | −7.352 |
| 600330 | 天通控股 | −0.166 | −7.213 |
| 600340 | 华夏幸福 | 1.260 | 39.560 |
| 600365 | 通葡股份 | 0.090 | 9.140 |
| 600410 | 华胜天成 | 0.331 | 11.320 |
| 600462 | 石岘纸业 | 1.131 | −122.660 |
| 600466 | 迪康药业 | 0.063 | 3.844 |
| 600485 | 中创信测 | −0.085 | −2.555 |
| 600532 | 宏达矿业 | 0.735 | 25.660 |
| 600537 | 亿晶光电 | −0.515 | −19.410 |
| 600577 | 精达股份 | 0.170 | 9.963 |
| 600601 | 方正科技 | 0.053 | 2.770 |
| 600615 | 丰华股份 | 0.020 | 0.830 |
| 600617 | *ST 联华 2 | 0.047 | −20.493 |

续表

| 股票代码 | 公司名称 | 成交后平均每股收益 | 成交后平均净资产收益率 |
|---|---|---|---|
| 600656 | 博元投资 | —0.111 | 21.050 |
| 600657 | 信达地产 | 0.390 | 12.610 |
| 600682 | 南京新百 | 0.380 | 11.780 |
| 600699 | 均胜电子 | 0.497 | 20.313 |
| 600703 | 三安光电 | 0.506 | 18.824 |
| 600716 | 凤凰股份 | 0.340 | 14.863 |
| 600734 | 实达集团 | 0.213 | 5.708 |
| 600777 | 新潮实业 | —0.044 | —2.152 |
| 600803 | 威远生化 | 0.115 | 4.345 |
| 600823 | 世茂股份 | 0.778 | 10.350 |
| 600885 | 宏发股份 | 0.800 | 28.060 |
| 600898 | 三联商社 | —0.029 | —2.296 |
| 600986 | 科达股份 | 0.070 | 3.505 |
| 600988 | 赤峰黄金 | 1.280 | 91.160 |

表 A4：样本上市公司控制权收益统计表

| 股票代码 | 公司名称 | 成交价格 | 交易股权比例 | 交易年每股净资产 | 控制权收益 |
|---|---|---|---|---|---|
| 000056 | *ST 国商 | 3.47 | 13.70% | 1.02 | 0.33 |
| 000416 | 民生投资 | 1.22 | 22.56% | 1.32 | −0.02 |
| 000418 | 小天鹅 A | 19.16 | 24.01% | 2.93 | 1.33 |
| 000506 | 中润资源 | 3.52 | 47.09% | 0.59 | 2.34 |
| 000517 | 荣安地产 | 2.92 | 78.02% | 1.56 | 0.68 |
| 000518 | 四环生物 | 5 | 3.89% | 0.69 | 0.24 |
| 000536 | 华映科技 | 4.36 | 71.42% | 3.57 | 0.16 |
| 000576 | 广东甘化 | 6.59 | 19.82% | 0.39 | 3.15 |
| 000586 | 汇源通信 | 2.25 | 20.68% | 0.52 | 0.69 |
| 000587 | 金叶珠宝 | 10 | 29.95% | 1.56 | 1.62 |
| 000592 | 中福实业 | 1.25 | 54.80% | 0.59 | 0.61 |
| 000594 | *ST 国恒 | 4.5 | 18.78% | 2.48 | 0.15 |
| 000595 | 西北轴承 | 9.35 | 20.00% | 1.00 | 1.67 |
| 000603 | 盛达矿业 | 5.65 | 23.32% | 0.54 | 2.21 |
| 000611 | 四海股份 | 2.62 | 15.54% | 1.89 | 0.06 |
| 000615 | 湖北金环 | 5.39 | 21.22% | 2.73 | 0.21 |
| 000620 | 新华联 | 2.27 | 65.98% | 1.54 | 0.31 |
| 000631 | 顺发恒业 | 1.17 | 62.77% | 1.25 | −0.04 |
| 000639 | 西王食品 | 3.3 | 41.96% | 6.4 | −0.20 |
| 000668 | 荣丰控股 | 4.48 | 49.97% | 3.62 | 0.12 |
| 000669 | 金鸿能源 | 21.87 | 25.65% | 6.56 | 0.60 |
| 000672 | 上峰水泥 | 3.69 | 17.17% | 0.08 | 7.75 |
| 000673 | 当代东方 | 1.04 | 29.99% | −0.01 | −31.49 |
| 000676 | *ST 思达 | 4.57 | 29.24% | 1.11 | 0.91 |
| 000697 | 炼石有色 | 2.2 | 28.80% | 1.03 | 0.33 |
| 000703 | 恒逸石化 | 9.78 | 71.17% | 9.42 | 0.03 |
| 000732 | 泰禾集团 | 8.97 | 12.73% | −1.9 | −0.73 |
| 000760 | 博盈投资 | 8 | 7.18% | 0.77 | 0.67 |
| 000818 | 方大化工 | 0.88 | 39.14% | 2.88 | −0.27 |

续表

| 股票代码 | 公司名称 | 成交价格 | 交易股权比例 | 交易年每股净资产 | 控制权收益 |
|---|---|---|---|---|---|
| 000820 | 金城股份 | 1.99 | 13.91% | 0.53 | 0.38 |
| 000863 | 三湘股份 | 3 | 44.64% | 1.26 | 0.62 |
| 000889 | 茂业物流 | 6.1 | 5.30% | 1.86 | 0.12 |
| 000979 | 中弘股份 | 5 | 8.87% | −2.62 | −0.26 |
| 000981 | 银亿股份 | 4.75 | 89.41% | 3.51 | 0.32 |
| 000995 | 皇台酒业 | 6.36 | 19.60% | 0.97 | 1.09 |
| 002002 | 鸿达兴业 | 10 | 18.27% | 0.57 | 3.02 |
| 002015 | 霞客环保 | 8.715 | 3.21% | 3.10 | 0.06 |
| 002018 | 华星化工 | 7.97 | 6.88% | 2.02 | 0.20 |
| 002036 | 宜科科技 | 10.56 | 17.00% | 1.59 | 0.96 |
| 002038 | 双鹭药业 | 1.66 | 0.25% | 4.27 | 0.00 |
| 002049 | 同方国芯 | 8% | 25.00% | 3.04 | −0.24 |
| 002063 | 远光软件 | 11.87 | 10.97% | 2.87 | 0.34 |
| 002074 | 东源电器 | 10.08 | 18.26% | 2.89 | 0.45 |
| 002099 | 海翔药业 | 13.325 | 21.68% | 3.96 | 0.51 |
| 002113 | 天润控股 | 9.58 | 21.45% | 0.07 | 29.14 |
| 002142 | 宁波银行 * | 11.63 | 3.74% | 5.51 | 0.04 |
| 002145 | 中核钛白 | 2.21 | 15.79% | 0.92 | 0.22 |
| 002188 | 新嘉联 | 10 | 5.13% | 2.01 | 0.20 |
| 002195 | 海隆软件 * | 17.8 | 4.86% | 4.10 | 0.16 |
| 002226 | 江南化工 | 14.18 | 33.23% | 5.55 | 0.52 |
| 002229 | 鸿博股份 | 9.64 | 1.62% | 2.73 | 0.04 |
| 002230 | 科大讯飞 | 24.58 | 2.40% | 3.56 | 0.14 |
| 002231 | 奥维通信 | 7.06 | 4.36% | 1.94 | 0.12 |
| 002280 | 新世纪 | 13.52 | 16.91% | 4.48 | 0.34 |
| 002328 | 新朋股份 | 6.09 | 15.67% | 4.66 | 0.05 |
| 002355 | 兴民钢圈 | 16.62 | 41.31% | 5.92 | 0.75 |
| 002581 | 万昌科技 | 19.08 | 30.44% | 6.21 | 0.63 |
| 600051 | 宁波联合 | 8.53 | 29.90% | 5.59 | 0.16 |

续表

| 股票代码 | 公司名称 | 成交价格 | 交易股权比例 | 交易年每股净资产 | 控制权收益 |
|---|---|---|---|---|---|
| 600077 | 宋都股份 | 8.63 | 17.53% | 1.83 | 0.65 |
| 600083 | 博信股份 | 7.6 | 14.09% | 0.06 | 17.71 |
| 600091 | ST 明科 | 3.02 | 10.00% | 4.91 | −0.04 |
| 600093 | 嘉禾股份 | 4.17 | 23.57% | 1.15 | 0.62 |
| 600094 | 大名城 | 0.047 | 15.67% | 2.15 | −0.15 |
| 600097 | 开创国际 | 12.53 | 43.02% | 2.21 | 2.01 |
| 600145 | 国创能源 | 7.96 | 3.28% | 0.51 | 0.48 |
| 600146 | 大元股份 | 11 | 25.40% | 1.44 | 1.69 |
| 600165 | 新日恒力 | 7.02 | 29.20% | 3.59 | 0.28 |
| 600175 | 美都控股 | 2.5 | 9.56% | 1.48 | 0.07 |
| 600180 | 瑞茂通 | 4.3 | 71.12% | 1.43 | 1.43 |
| 600201 | 金宇集团 | 17.88 | 1.50% | 2.54 | 0.09 |
| 600209 | 罗顿发展 | 4.73 | 4.95% | 1.56 | 0.10 |
| 600242 | 中昌海运 | 3.65 | 25.41% | 1.20 | 0.52 |
| 600280 | 南京中商 | 24.78 | 7.95% | 5.46 | 0.28 |
| 600306 | 商业城 | 12.88 | 11.74% | 2.64 | 0.46 |
| 600330 | 天通控股 | 15.68 | 1.27% | 2.15 | 0.08 |
| 600340 | 华夏幸福 | 7.11 | 21.31% | 1.88 | 0.59 |
| 600365 | 通葡股份 | 7.27 | 7.21% | 1.07 | 0.42 |
| 600410 | 华胜天成 | 11.45 | 3.94% | 3.31 | 0.10 |
| 600462 | 石岘纸业 | 3.13 | 24.68% | 0.58 | 1.09 |
| 600466 | 迪康药业 | 6.14 | 29.90% | 2.69 | 0.38 |
| 600485 | 中创信测 | 14.9 | 9.45% | 3.54 | 0.30 |
| 600532 | 宏达矿业 | 9.5 | 20.38% | 1.27 | 1.32 |
| 600537 | 亿晶光电 | 7.97 | 37.97% | 3.89 | 0.40 |
| 600577 | 精达股份 | 10 | 18.34% | 2.88 | 0.45 |
| 600601 | 方正科技 | 2.63 | 11.65% | 1.93 | 0.04 |
| 600615 | 丰华股份 | 12 | 20.05% | 2.63 | 0.71 |
| 600617 | *ST 联华 2 | 10 | 12.18% | −0.46 | −2.77 |

续表

| 股票代码 | 公司名称 | 成交价格 | 交易股权比例 | 交易年每股净资产 | 控制权收益 |
|---|---|---|---|---|---|
| 600656 | 博元投资 | 4.63 | 21.00% | −1.9 | −0.72 |
| 600657 | 信达地产 | 10.39 | 12.07% | 2.92 | 0.31 |
| 600682 | 南京新百 | 9.87 | 17.00% | 3.11 | 0.37 |
| 600699 | 均胜电子 | 5.28 | 21.83% | 1.14 | 0.79 |
| 600703 | 三安光电 | 4.33 | 45.43% | 1.95 | 0.55 |
| 600716 | 凤凰股份 | 5.06 | 47.49% | 1.65 | 0.98 |
| 600734 | 实达集团 | 1.07 | 23.10% | 0.04 | 5.95 |
| 600777 | 新潮实业 | 0.27 | 20.90% | 2.17 | −0.18 |
| 600803 | 威远生化 | 7.31 | 24.18% | 2.49 | 0.47 |
| 600823 | 世茂股份 | 12.05 | 47.67% | 5.30 | 0.61 |
| 600885 | 宏发股份 | 11.33 | 38.31% | 2.35 | 1.46 |
| 600898 | 三联商社 | 19.9 | 10.69% | 0.92 | 2.21 |
| 600986 | 科达股份 | 7.99 | 3.56% | 1.99 | 0.11 |
| 600988 | 赤峰黄金 | 8.68 | 37.43% | 1.3 | 2.12 |

## 附录 B 控制权收益与控制权转移前净资产收益率关系 SPSS 输出数据

表 B1 描述性统计表

| | Mean | Std. Deviation | N |
|---|---|---|---|
| 成交前三年平均净资产收益率 | －6.227333％ | 36.7424521％ | 90 |
| 控制权收益 | .8072 | 5.04921 | 90 |

表 B2 相关性分析表

| | | 成交前三年平均净资产收益率 | 控制权收益 |
|---|---|---|---|
| Pearson Correlation | 成交前三年平均净资产收益率 | 1.000 | .112 |
| | 控制权收益 | .112 | 1.000 |
| Sig.（1－tailed） | 成交前三年平均净资产收益率 | . | .147 |
| | 控制权收益 | .147 | . |
| N | 成交前三年平均净资产收益率 | 90 | 90 |
| | 控制权收益 | 90 | 90 |

表 B3 变量进入/剔除[b]

| Model | Variables Entered | Variables Removed | Method |
|---|---|---|---|
| 1 | 控制权收益[a] | . | Enter |

a. All requested variables entered.

b. Dependent Variable：成交前三年平均净资产收益率

表 B4 模型概况[b]

| Model | R | R Square | Adjusted R Square | Std. Error of the Estimate | Change Statistics | | | | | Durbin－Watson |
|---|---|---|---|---|---|---|---|---|---|---|
| | | | | | R Square Change | F Change | df1 | df2 | Sig. F Change | |
| 1 | .112[a] | .013 | .001 | 36.7179408％ | .013 | 1.119 | 1 | 88 | .293 | 1.606 |

a. Predictors：(Constant)，控制权收益

b. Dependent Variable：成交前三年平均净资产收益率

表 B5 ANOVA[b]

| Model | | Sum of Squares | df | Mean Square | F | Sig. |
|---|---|---|---|---|---|---|
| 1 | Regression | 1508.461 | 1 | 1508.461 | 1.119 | .293[a] |
| | Residual | 118642.232 | 88 | 1348.207 | | |
| | Total | 120150.693 | 89 | | | |

a. Predictors：(Constant)，控制权收益

b. Dependent Variable：成交前三年平均净资产收益率

表 B6 系数[a]

| Model | | Unstandardized Coefficients | | Standardized Coefficients | t | Sig. | 95.0% Confidence Interval for B | |
|---|---|---|---|---|---|---|---|---|
| | | B | Std. Error | Beta | | | Lower Bound | Upper Bound |
| 1 | (Constant) | −6.886 | 3.920 | | −1.756 | .082 | −14.676 | .905 |
| | 控制权收益 | .815 | .771 | .112 | 1.058 | .293 | −.717 | 2.347 |

a. Dependent Variable：成交前三年平均净资产收益率

表 B7 相关系数[a]

| Model | | | 控制权收益 |
|---|---|---|---|
| 1 | Correlations | 控制权收益 | 1.000 |
| | Covariances | 控制权收益 | .594 |

a. Dependent Variable：成交前三年平均净资产收益率

表 B8 多重共线性诊断[a]

| Model | Dimension | Eigenvalue | Condition Index | Variance Proportions | |
|---|---|---|---|---|---|
| | | | | (Constant) | 控制权收益 |
| 1 | 1 | 1.159 | 1.000 | .42 | .42 |
| | 2 | .841 | 1.174 | .58 | .58 |

a. Dependent Variable：成交前三年平均净资产收益率

表 B9 个案诊断表[a]

| Case Number | 股票代码 | Std. Residual | 成交前三年平均净资产收益率 | Predicted Value | Residual |
|---|---|---|---|---|---|
| 2 | 600094 | −3.840 | −147.9900% | −7.007813% | −1.4098219E2% |
| 7 | 600885 | −4.947 | −187.3400% | −5.695085% | −1.8164491E2% |
| 39 | 600083 | −3.657 | −126.7400% | 7.554496% | −1.3429450E2% |

a. Dependent Variable：成交前三年平均净资产收益率

表 B10 残差统计[a]

| | Minimum | Maximum | Mean | Std. Deviation | N |
|---|---|---|---|---|---|
| Predicted Value | −32.561157% | 16.874046% | −6.227333% | 4.1169170% | 90 |
| Std. Predicted Value | −6.396 | 5.611 | .000 | 1.000 | 90 |
| Standard Error of Predicted Value | 3.870 | 25.195 | 4.519 | 3.105 | 90 |
| Adjusted Predicted Value | −8.707314% | 55.336891% | −4.911834% | 8.3445542% | 90 |
| Residual | −1.8164491E2% | 60.1425667% | .0000000% | 36.5110775% | 90 |
| Std. Residual | −4.947 | 1.638 | .000 | .994 | 90 |
| Stud. Residual | −4.975 | 1.648 | −.015 | 1.047 | 90 |
| Deleted Residual | −1.8668689E2% | 60.8816109% | −1.3154988% | 41.4059666% | 90 |
| Stud. Deleted Residual | −5.835 | 1.664 | −.037 | 1.137 | 90 |
| Mahal. Distance | .000 | 40.915 | .989 | 5.516 | 90 |
| Cook's Distance | .000 | 6.086 | .087 | .653 | 90 |
| Centered Leverage Value | .000 | .460 | .011 | .062 | 90 |

a. Dependent Variable：成交前三年平均净资产收益率

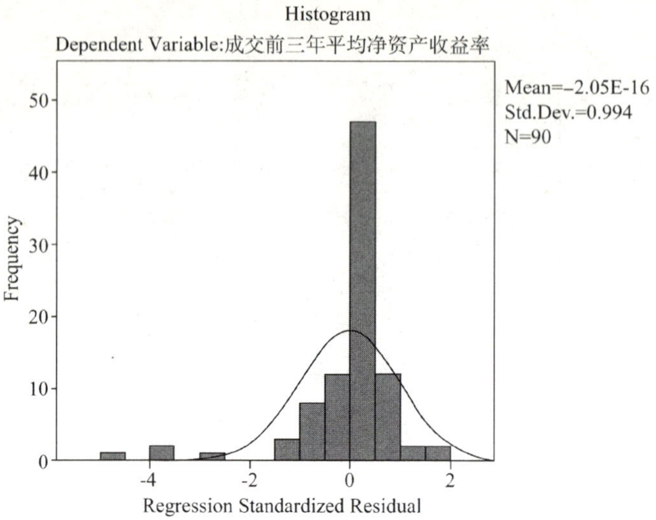


图 B1　成交前三年平均净资产收益率柱形图

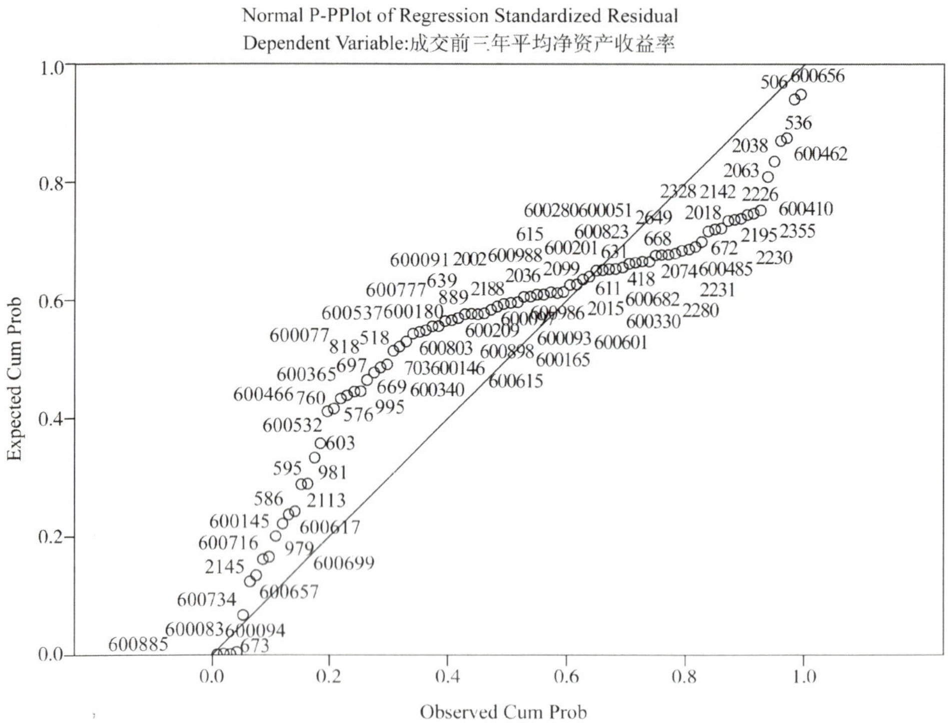


图 B2　成交前三年平均净资产收益率散状图

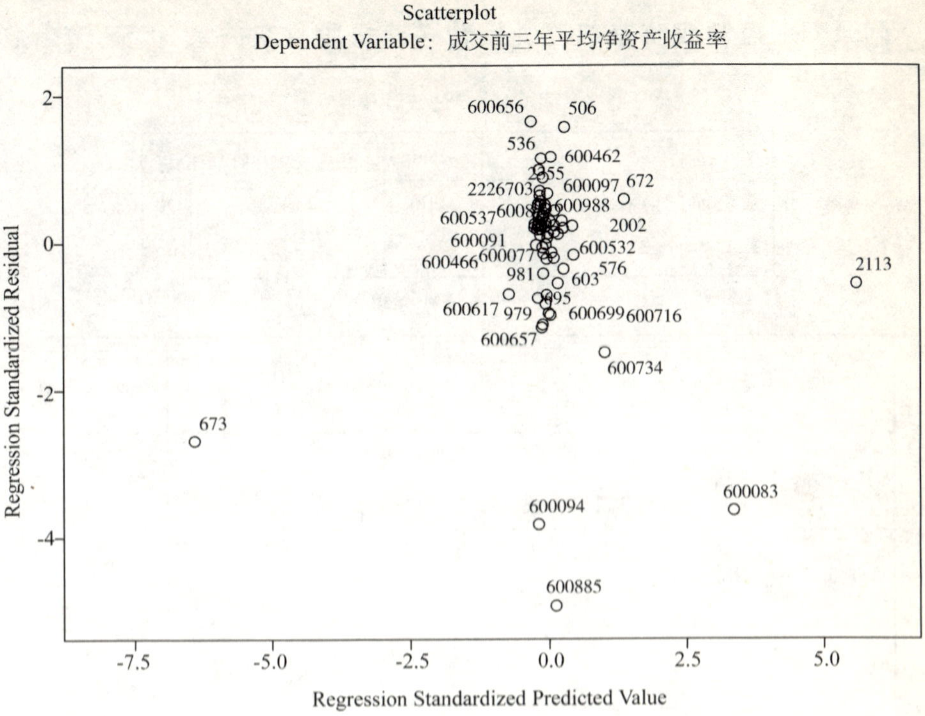


图 B3　成交前三年平均净资产收益率点状图

## 附录 C　控制权收益与控制权转移前每股收益关系 SPSS 输出数据

表 C1　描述统计表

| | Mean | Std. Deviation | N |
|---|---|---|---|
| 成交前三年平均每股收益 | -.00051 | .345936 | 90 |
| 控制权收益 | .8072 | 5.04921 | 90 |

表 C2　相关性分析表

| | | 成交前三年平均每股收益 | 控制权收益 |
|---|---|---|---|
| Pearson Correlation | 成交前三年平均每股收益 | 1.000 | -.035 |
| | 控制权收益 | -.035 | 1.000 |
| Sig.（1-tailed） | 成交前三年平均每股收益 | . | .037 |
| | 控制权收益 | .037 | . |
| N | 成交前三年平均每股收益 | 90 | 90 |
| | 控制权收益 | 90 | 90 |

表 C3　变量进入/剔除[b]

| Model | Variables Entered | Variables Removed | Method |
|---|---|---|---|
| 1 | 控制权收益[a] | . | Enter |

a. All requested variables entered.

b. Dependent Variable：成交前三年平均每股收益

表 C4　模型概述[b]

| Model | R | R Square | Adjusted R Square | Std. Error of the Estimate | Change Statistics | | | | | Durbin-Watson |
|---|---|---|---|---|---|---|---|---|---|---|
| | | | | | R Square Change | F Change | df1 | df2 | Sig. F Change | |
| 1 | .035[a] | .001 | -.010 | .347686 | .001 | .106 | 1 | 88 | .045 | .023 |

a. Predictors：（Constant），控制权收益

b. Dependent Variable：成交前三年平均每股收益

表 C5　ANOVA[b]

| Model | | Sum of Squares | df | Mean Square | F | Sig. |
|---|---|---|---|---|---|---|
| 1 | Regression | .013 | 1 | .013 | .106 | .045[a] |
| | Residual | 10.638 | 88 | .121 | | |
| | Total | 10.651 | 89 | | | |

a. Predictors：(Constant)，控制权收益

b. Dependent Variable：成交前三年平均每股收益

表 C6　系数[a]

| Model | | Unstandardized Coefficients | | Standardized Coefficients | t | Sig. | 95.0% Confidence Interval for B | |
|---|---|---|---|---|---|---|---|---|
| | | B | Std. Error | Beta | | | Lower Bound | Upper Bound |
| 1 | (Constant) | .001 | .037 | | .038 | .970 | .072 | .075 |
| | 控制权收益 | −.002 | .007 | −.035 | −.326 | .045 | .012 | .017 |

a. Dependent Variable：成交前三年平均每股收益

表 C7　相关系数[a]

| Model | | | 控制权收益 |
|---|---|---|---|
| 1 | Correlations | 控制权收益 | 1.000 |
| | Covariances | 控制权收益 | 5.328E−5 |

a. Dependent Variable：成交前三年平均每股收益

表 C8　多重共现性诊断[a]

| Model | Dimension | Eigenvalue | Condition Index | Variance Proportions | |
|---|---|---|---|---|---|
| | | | | (Constant) | 控制权收益 |
| 1 | 1 | 1.159 | 1.000 | .42 | .42 |
| | 2 | .841 | 1.174 | .58 | .58 |

a. Dependent Variable：成交前三年平均每股收益

表 C9　个案诊断表[a]

| Case Number | 股票代码 | Std. Residual | 成交前三年平均每股收益 | Predicted Value | Residual |
|---|---|---|---|---|---|
| 1 | 000979 | −3.026 | −1.050 | .00203 | −1.052025 |
| 2 | 600094 | −3.004 | −1.043 | .00176 | −1.044430 |

a. Dependent Variable：成交前三年平均每股收益

表 C10　残差统计[a]

| | Minimum | Maximum | Mean | Std. Deviation | N |
|---|---|---|---|---|---|
| Predicted Value | −.06794 | .07634 | −.00051 | .012016 | 90 |
| Std. Predicted Value | −5.611 | 6.396 | .000 | 1.000 | 90 |
| Standard Error of Predicted Value | .037 | .239 | .043 | .029 | 90 |
| Adjusted Predicted Value | −.04257 | .32222 | .00262 | .034856 | 90 |
| Residual | −1.052025 | .978827 | .000000 | .345727 | 90 |
| Std. Residual | −3.026 | 2.815 | .000 | .994 | 90 |
| Stud. Residual | −3.044 | 2.831 | −.004 | 1.003 | 90 |
| Deleted Residual | −1.064386 | .990112 | −.003130 | .353008 | 90 |
| Stud. Deleted Residual | −3.199 | 2.953 | −.007 | 1.024 | 90 |
| Mahal. Distance | .000 | 40.915 | .989 | 5.516 | 90 |
| Cook's Distance | .000 | .531 | .012 | .056 | 90 |
| Centered Leverage Value | .000 | .460 | .011 | .062 | 90 |

a. Dependent Variable：成交前三年平均每股收益

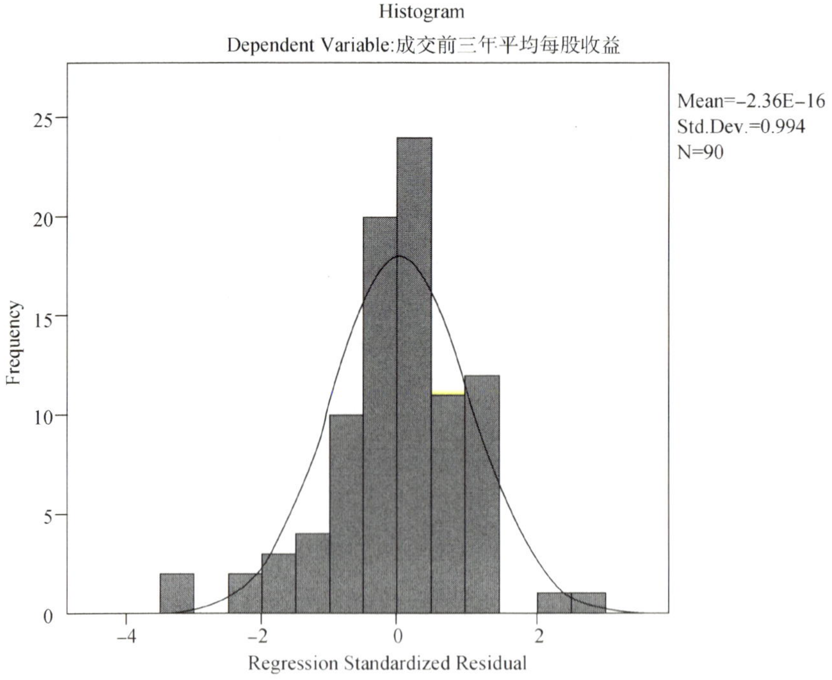


图 C1　成交前三年平均每股收益柱形图

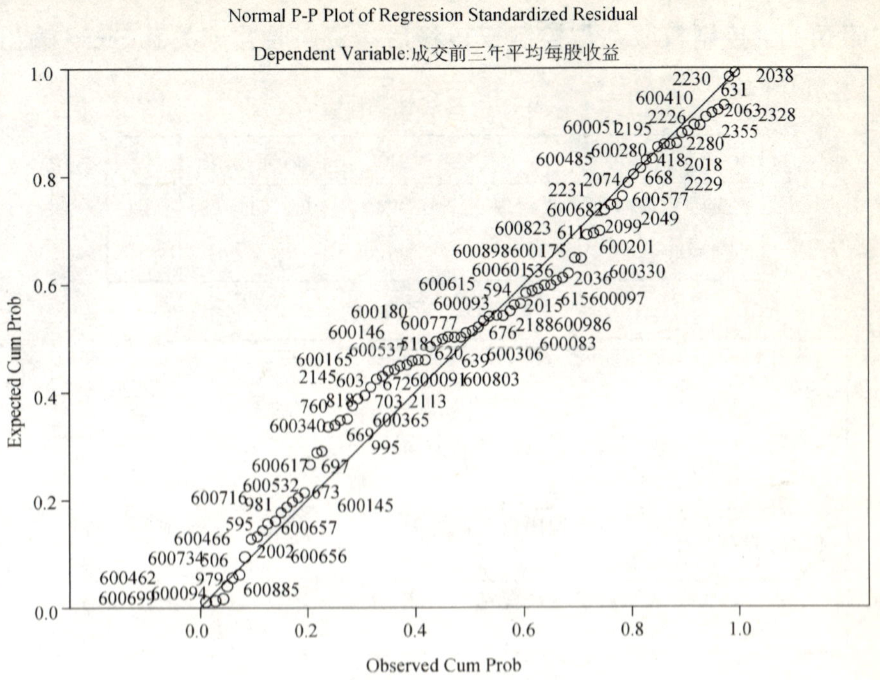


图 C2　成交前三年平均每股收益散状图

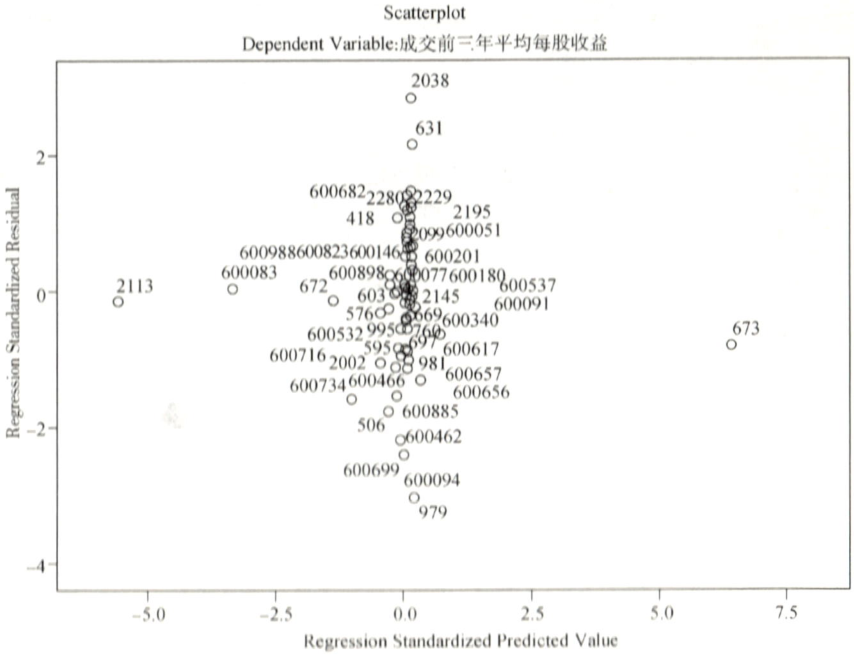


图 C3　成交前三年平均每股点状图

# 附录D 控制权收益与控制权转移后净资产收益率关系SPSS输出数据

表D1 描述性统计量

| | 均值 | 标准 偏差 | N |
|---|---|---|---|
| 成交后平均净资产收益率 | 10.09423 | 61.717548 | 101 |
| 控制权收益 | .7705 | 4.76776 | 101 |

表D2 相关性

| | | 成交后平均净资产收益率 | 控制权收益 |
|---|---|---|---|
| Pearson 相关性 | 成交后平均净资产收益率 | 1.000 | .370 |
| | 控制权收益 | .370 | 1.000 |
| Sig.（单侧） | 成交后平均净资产收益率 | . | .000 |
| | 控制权收益 | .000 | . |
| N | 成交后平均净资产收益率 | 101 | 101 |
| | 控制权收益 | 101 | 101 |

表D3 输入/移去的变量[b]

| 模型 | 输入的变量 | 移去的变量 | 方法 |
|---|---|---|---|
| 1 | 控制权收益[a] | . | 输入 |

a. 已输入所有请求的变量

b. 因变量：成交后平均净资产收益率

表D4 模型汇总[b]

| 模型 | R | R 方 | 调整 R 方 | 标准 估计的误差 | Durbin－Watson |
|---|---|---|---|---|---|
| 1 | .370[a] | .137 | .128 | 57.630968 | 1.810 |

a. 预测变量：（常量），控制权收益

b. 因变量：成交后平均净资产收益率

表D5 Anova[b]

| 模型 | | 平方和 | df | 均方 | F | Sig. |
|---|---|---|---|---|---|---|
| 1 | 回归 | 52094.056 | 1 | 52094.056 | 15.685 | .000[a] |
| | 残差 | 328811.518 | 99 | 3321.328 | | |
| | 总计 | 380905.574 | 100 | | | |

a. 预测变量：(常量)，控制权收益

b. 因变量：成交后平均净资产收益率

表 D6　系数[a]

| 模型 | | 非标准化系数 | | 标准系数 | t | Sig. | B 的 95.0% 置信区间 | |
|---|---|---|---|---|---|---|---|---|
| | | B | 标准 误差 | 试用版 | | | 下限 | 上限 |
| 1 | (常量) | 6.406 | 5.810 | | 1.103 | .273 | −5.122 | 17.933 |
| | 控制权收益 | 4.787 | 1.209 | .370 | 3.960 | .000 | 2.389 | 7.186 |

a. 因变量：成交后平均净资产收益率

表 D7　系数相关[a]

| 模型 | | | 控制权收益 |
|---|---|---|---|
| 1 | 相关性 | 控制权收益 | 1.000 |
| | 协方差 | 控制权收益 | 1.461 |

a. 因变量：成交后平均净资产收益率

表 D8　共线性诊断[a]

| 模型 | 维数 | 特征值 | 条件索引 | 方差比例 | |
|---|---|---|---|---|---|
| | | | | (常量) | 控制权收益 |
| 1 | 1 | 1.160 | 1.000 | .42 | .42 |
| | 2 | .840 | 1.176 | .58 | .58 |

a. 因变量：成交后平均净资产收益率

表 D9　案例诊断[a]

| 案例数目 | 股票代码 | 标准 残差 | 成交后平均净资产收益率 | 预测值 | 残差 |
|---|---|---|---|---|---|
| 23 | 000673 | −4.366 | −395.933 | −144.34027 | −251.593064 |
| 30 | 000820 | 6.697 | 394.190 | 8.23987 | 385.950128 |
| 45 | 002113 | −3.279 | −43.080 | 145.91033 | −188.990327 |

a. 因变量：成交后平均净资产收益率

表 D10 残差统计量[a]

| | 极小值 | 极大值 | 均值 | 标准 偏差 | N |
|---|---|---|---|---|---|
| 预测值 | −144.34027 | 145.91032 | 10.09423 | 22.824122 | 101 |
| 标准 预测值 | −6.766 | 5.951 | .000 | 1.000 | 101 |
| 预测值的标准误差 | 5.735 | 39.414 | 6.660 | 4.651 | 101 |
| 调整的预测值 | −6.63963 | 254.07065 | 13.50291 | 27.625680 | 101 |
| 残差 | −251.593063 | 385.950134 | .000000 | 57.342089 | 101 |
| 标准 残差 | −4.366 | 6.697 | .000 | .995 | 101 |
| Student 化残差 | −5.984 | 6.731 | −.025 | 1.110 | 101 |
| 已删除的残差 | −472.676758 | 389.835632 | −3.408678 | 74.167926 | 101 |
| Student 化已删除的残差 | −7.452 | 9.092 | −.021 | 1.357 | 101 |
| Mahal。距离 | .000 | 45.783 | .990 | 5.845 | 101 |
| Cook 的距离 | .000 | 15.732 | .211 | 1.633 | 101 |
| 居中杠杆值 | .000 | .458 | .010 | .058 | 101 |

a. 因变量：成交后平均净资产收益率

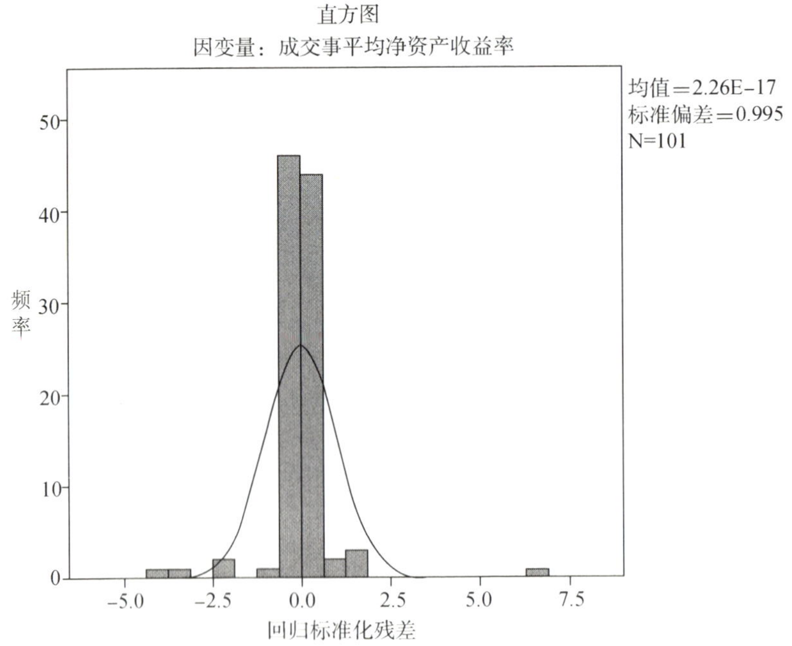


图 D1 回归标准化残差直方图

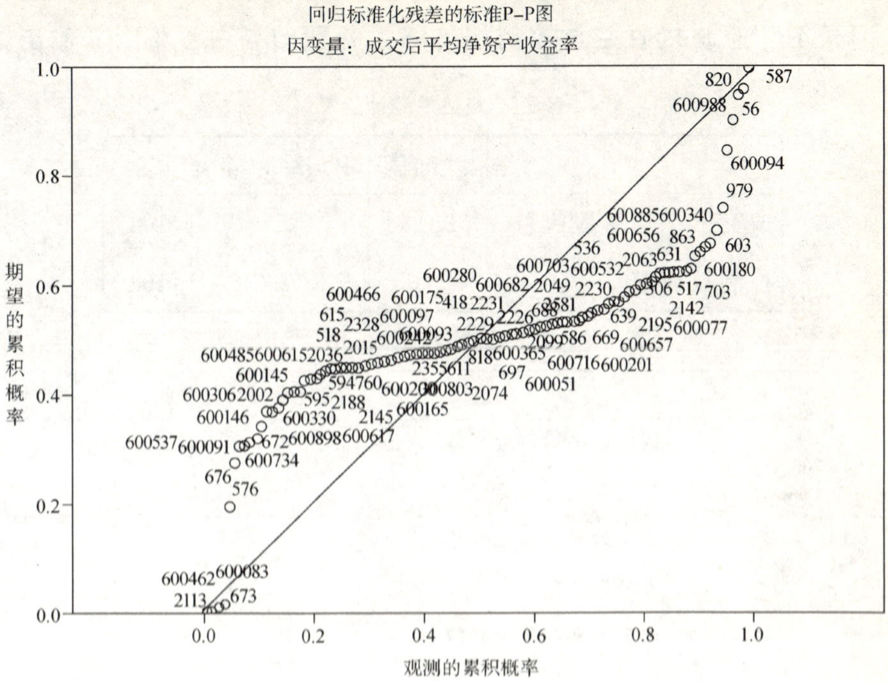


**图 D2　回归标准化残差的标准 P—P 图**

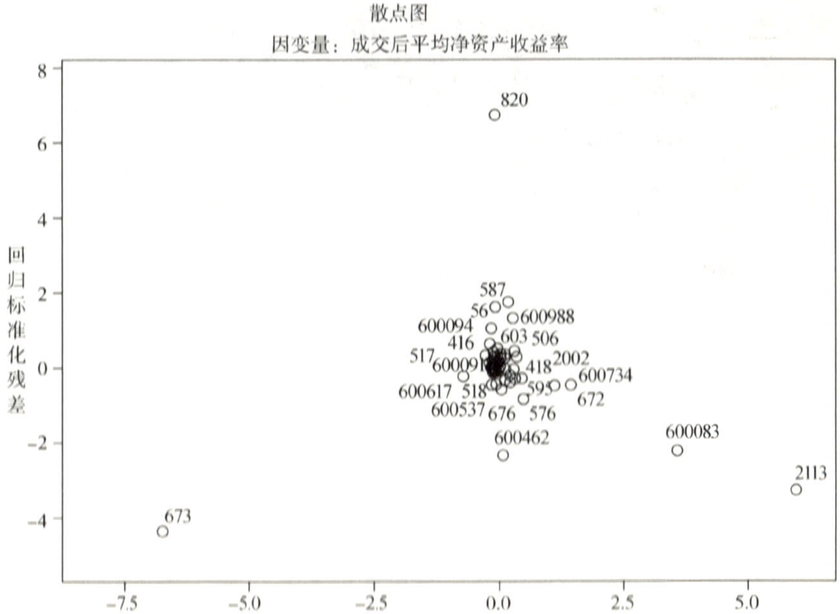


**图 D3　回归标准化残差散点图**

# 附录 E 控制权收益与控制权转移后每股收益关系 SPSS 输出数据

表 E1 描述性统计量表

| | 均值 | 标准 偏差 | N |
|---|---|---|---|
| 成交后平均每股收益 | .28163 | .445189 | 101 |
| 控制权收益 | .7705 | 4.76776 | 101 |

表 E2 相关性分析表

| | | 成交后平均每股收益 | 控制权收益 |
|---|---|---|---|
| Pearson 相关性 | 成交后平均每股收益 | 1.000 | —.121 |
| | 控制权收益 | —.121 | 1.000 |
| Sig.（单侧） | 成交后平均每股收益 | . | .115 |
| | 控制权收益 | .115 | . |
| N | 成交后平均每股收益 | 101 | 101 |
| | 控制权收益 | 101 | 101 |

表 E3 输入/移去的变量[b]

| 模型 | 输入的变量 | 移去的变量 | 方法 |
|---|---|---|---|
| 1 | 控制权收益[a] | . | 输入 |

a. 已输入所有请求的变量

b. 因变量：成交后平均每股收益

表 E4 Anova[b]

| 模型 | | 平方和 | df | 均方 | F | Sig. |
|---|---|---|---|---|---|---|
| 1 | 回归 | .288 | 1 | .288 | 1.462 | .229[a] |
| | 残差 | 19.531 | 99 | .197 | | |
| | 总计 | 19.819 | 100 | | | |

a. 预测变量：(常量)，控制权收益

b. 因变量：成交后平均每股收益

表 E5 模型汇总[b]

| 模型 | R | R 方 | 调整 R 方 | 标准 估计的误差 | 更改统计量 | | | | | Durbin-Watson |
|---|---|---|---|---|---|---|---|---|---|---|
| | | | | | R 方更改 | F 更改 | df1 | df2 | Sig. F 更改 | |
| 1 | .121[a] | .015 | .005 | .444164 | .015 | 1.462 | 1 | 99 | .229 | 1.949 |

a. 预测变量：(常量)，控制权收益

b. 因变量：成交后平均每股收益

表 E6 系数[a]

| 模型 | | 非标准化系数 | | 标准系数 | t | Sig. | B 的 95.0% 置信区间 | | 相关性 | | |
|---|---|---|---|---|---|---|---|---|---|---|---|
| | | B | 标准 误差 | 试用版 | | | 下限 | 上限 | 零阶 | 偏 | 部分 |
| 1 | (常量) | .290 | .045 | | 6.484 | .000 | .201 | .379 | | | |
| | 控制权收益 | −.011 | .009 | −.121 | −1.209 | .229 | −.030 | .007 | −.121 | −.121 | −.121 |

a. 因变量：成交后平均每股收益

表 E7 系数相关[a]

| 模型 | | | 控制权收益 |
|---|---|---|---|
| 1 | 相关性 | 控制权收益 | 1.000 |
| | 协方差 | 控制权收益 | 8.679E−5 |

a. 因变量：成交后平均每股收益

表 E8 共线性诊断[a]

| 模型 | 维数 | 特征值 | 条件索引 | 方差比例 | |
|---|---|---|---|---|---|
| | | | | (常量) | 控制权收益 |
| 1 | 1 | 1.160 | 1.000 | .42 | .42 |
| | 2 | .840 | 1.176 | .58 | .58 |

a. 因变量：成交后平均每股收益

表 E9 案例诊断[a]

| 案例数目 | 股票代码 | 标准 残差 | 成交后平均每股收益 | 预测值 | 残差 |
|---|---|---|---|---|---|
| 30 | 000820 | 4.084 | 2.100 | .28599 | 1.814009 |

a. 因变量：成交后平均每股收益

表 E10　残差统计量[a]

| | 极小值 | 极大值 | 均值 | 标准 偏差 | N |
|---|---|---|---|---|---|
| 预测值 | -.03796 | .64502 | .28163 | .053707 | 101 |
| 标准　预测值 | -5.951 | 6.766 | .000 | 1.000 | 101 |
| 预测值的标准误差 | .044 | .304 | .051 | .036 | 101 |
| 调整的预测值 | .10607 | 1.23380 | .29182 | .097963 | 101 |
| 残差 | -1.058741 | 1.814009 | .000000 | .441938 | 101 |
| 标准　残差 | -2.384 | 4.084 | .000 | .995 | 101 |
| Student 化残差 | -2.396 | 4.105 | -.010 | 1.018 | 101 |
| 已删除的残差 | -1.258799 | 1.832271 | -.010196 | .467860 | 101 |
| Student 化已删除的残差 | -2.456 | 4.483 | -.004 | 1.044 | 101 |
| Mahal。距离 | .000 | 45.783 | .990 | 5.845 | 101 |
| Cook 的距离 | .000 | 1.878 | .036 | .227 | 101 |
| 居中杠杆值 | .000 | .458 | .010 | .058 | 101 |

a. 因变量：成交后平均每股收益

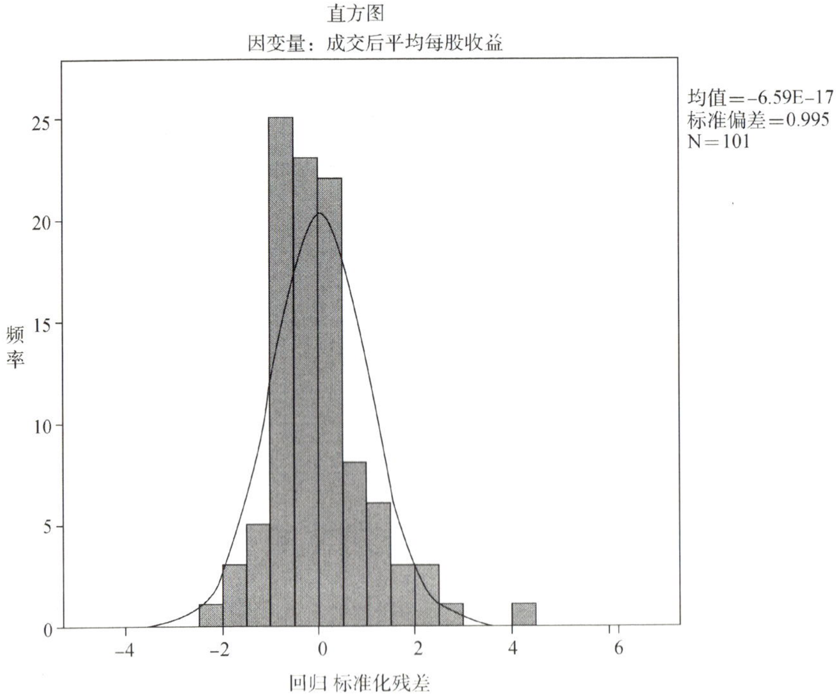


图 E1　回归标准化残差直方图

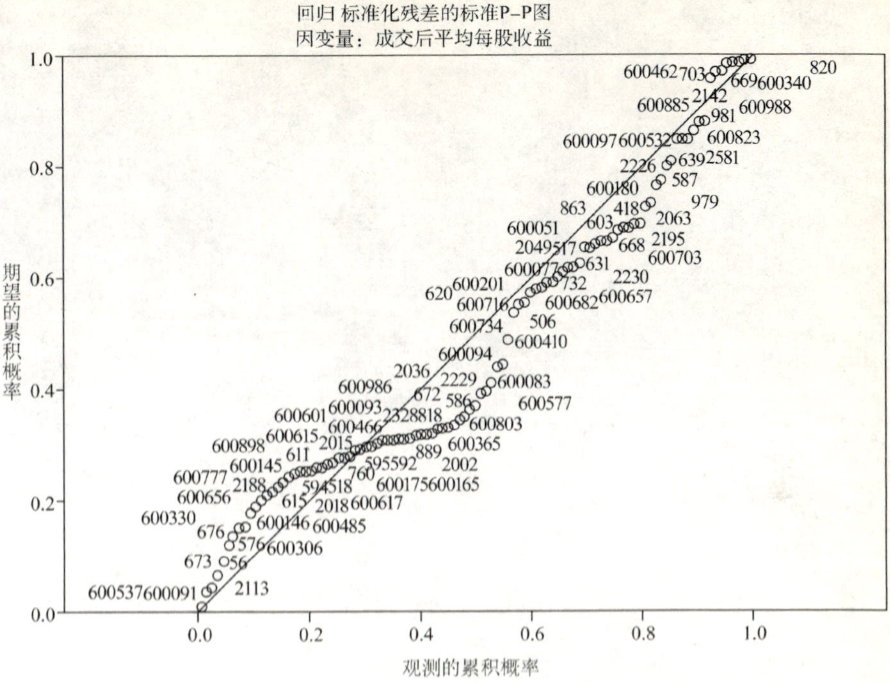


**图 E2　回归标准化残差的标准 P—P 图**

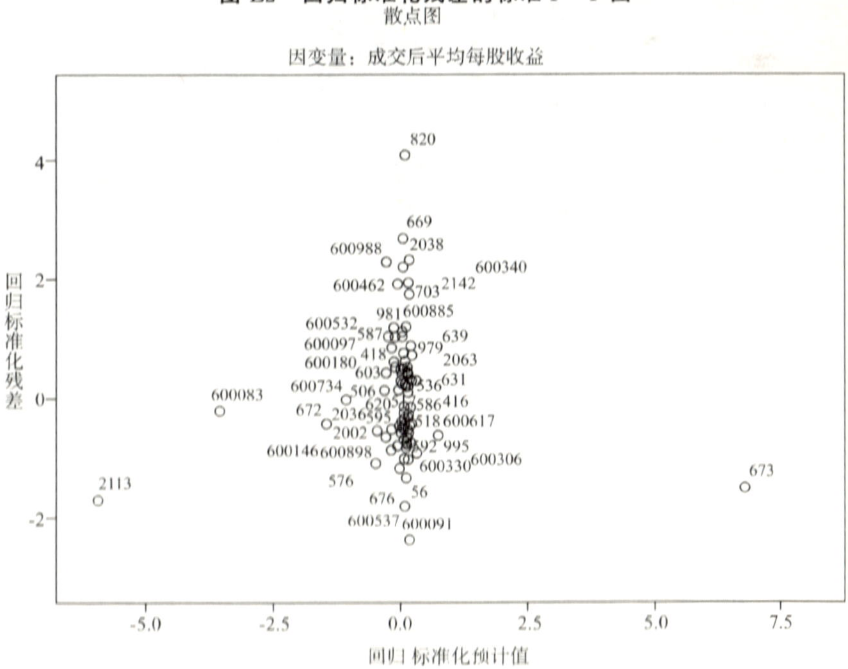


**图 E3　回归标准化残差散点图**